公文写作高手速成

格式要点 + 写作技巧 + 模板案例

苏航　唐昌斌　编著

清华大学出版社

北京

内容简介

本书通过"案例＋技巧",从两条线帮助读者速成为公文写作高手!

一条是横向案例线,通过 10 章专题内容、31 种公文类型、45 个案例模板、80 多个表格、130 多个图解,对法定类公文、计划体公文、规章类公文、凭证类公文、讲话类公文和专用书信等,从基础知识、格式要点和写作技巧方面进行了介绍。

另一条是纵向知识线,包括公文的 3 个概念含义、3 个写作原则、4 个特点、4 个作用、5 种主要用语、5 个写作要求、8 个分类方法、17 个格式要素、两大阶段 19 个环节的公文处理与管理流程、30 个电子公文要点,针对公文入门、写作要点和流程、一般范式和格式要素、公文类型、电子公文 5 个方面的内容,对读者进行全面、系统化、条理性的指导。

本书内容简洁而全面、格式清晰,呈现出了一套完整、详细、实战性强的公文写作系统,可作为党政机关、社会团体和企事业单位工作人员从事公文写作的参考用书。

本书封面贴有清华大学出版社防伪标签,无标签者不得销售。
版权所有,侵权必究。举报: 010-62782989, beiqinquan@tup.tsinghua.edu.cn。

图书在版编目(CIP)数据

公文写作高手速成:格式要点+写作技巧+模板案例/苏航,唐昌斌编著. —北京:清华大学出版社,2018(2022.4重印)
ISBN 978-7-302-49396-9

Ⅰ. ①公… Ⅱ. ①苏… ②唐… Ⅲ. ①公文—写作 Ⅳ. ①H152.3

中国版本图书馆 CIP 数据核字(2018)第 012093 号

责任编辑:	杨作梅
装帧设计:	杨玉兰
责任校对:	王明明
责任印制:	沈　露
出版发行:	清华大学出版社
网　　址:	http://www.tup.com.cn, http://www.wqbook.com
地　　址:	北京清华大学学研大厦 A 座　　邮　编: 100084
社 总 机:	010-83470000　　邮　购: 010-62786544
投稿与读者服务:	010-62776969, c-service@tup.tsinghua.edu.cn
质量反馈:	010-62772015, zhiliang@tup.tsinghua.edu.cn
印 装 者:	三河市金元印装有限公司
经　　销:	全国新华书店
开　　本:	170mm×240mm　　印 张: 16　　字 数: 320 千字
版　　次:	2018 年 4 月第 1 版　　印 次: 2022 年 4 月第 6 次印刷
定　　价:	49.00 元

产品编号:075166-01

前　言

写作驱动

公文写作作为一项重要的工作技能，是人们经常接触到的事物，特别是对党政机关、社会团体、企事业单位工作的人员，更是他们日常工作生活中的常态。

也许有人会问：这么庞大、繁杂的公文内容从哪来？究竟应该怎样把它们构建起来？这些一方面是从日常的生活工作中积累来的，另一方面是在掌握特定的公文写作技巧上的巧妙应用。

可以说，在公文的特定主题下，只要掌握了一定的写作技巧、写作模板和公文写作的格式规范，快速成文已不再是难题。

本书内容主要是案例、知识相结合，从横向案例线和纵向技巧线两方面解析公文写作，让您轻松创造优秀公文，速成公文写作高手！

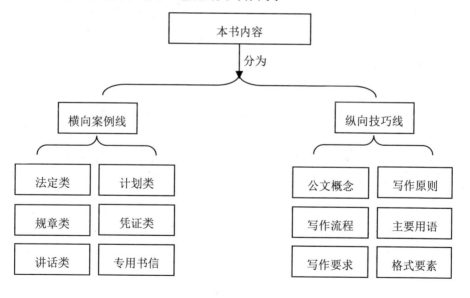

本书特色

（1）侧重实用，成品模板，直接调用：书中提供了各种权威、正式的公文模板，

前 言

可以边学边用。本书在公文写作案例中全面解析了 31 种公文、45 种经典模板的写作,提炼出公文的优胜和独具特色之处,再通过图解、表格的形式让读者快速掌握公文写作技巧,一步步指导读者快速写出格式规范、内容丰富而扼要的优秀公文。

(2) 把握重点,内容精辟,针对性强: 本书体系完整,以公文入门、写作要点和流程、一般范式和格式要素、公文类型、电子公文等为主要内容,安排了 10 章公文写作专题、100 多个使用最频繁的精华知识点,进行了充分、深入的讲解,让读者凭一本书就能搞定公文写作。

(3) 技巧详解,辅以图解、表格: 本书对公文写作进行了全面的技巧呈现,并以这些抽象的技巧为依托,用图解、表格的形式带给读者清晰的观感、轻松的阅读心情。书中穿插了 200 多张图表,直观、生动、丰富地对各个技巧和知识点进行细致的讲解,读者可以一学就会,写作无忧。

图表提示

本书是一本侧重公文写作实际应用的实战宝典,采取全图解、表格的方式进行分析。图表能够方便读者对重点进行把握,让读者通过逻辑推理、分点列项快速了解核心知识,节约大量阅读成本。读者在阅读过程中需要注意图表的逻辑关系,根据图表的连接词、表头充分理解图表想要表达的重点,获得更好的阅读快感。

作者信息

本书由苏航、唐昌斌编著,参与编写的人员还有周玉姣、刘胜璋、刘向东、刘松异、刘伟、卢博、周旭阳、袁淑敏、谭中阳、杨端阳、李四华、王力建、柏承能、刘桂花、柏松、谭贤、谭俊杰、徐茜、刘嫔、苏高、柏慧等人,在此表示感谢。由于作者知识水平有限,书中难免有错误和疏漏之处,恳请广大读者批评、指正,请通过微信(微信号为 157075539)联系。

编 者

目录

第1章 公文入门：顺利成文的先决条件 1

1.1 公文的含义 2
- 1.1.1 公文的基本含义 2
- 1.1.2 公文的属性含义 2
- 1.1.3 公文的概念发展 3

1.2 公文的分类 5
- 1.2.1 分类1：从内容性质上划分 5
- 1.2.2 分类2：从传播途径上划分 6
- 1.2.3 分类3：从使用范围上划分 6
- 1.2.4 分类4：从行文关系上划分 7
- 1.2.5 分类5：从机密程度上划分 7
- 1.2.6 分类6：从内容来源上划分 7
- 1.2.7 分类7：从制发机关上划分 8
- 1.2.8 分类8：从紧急程度上划分 8

1.3 公文的特点和作用 9
- 1.3.1 特点1：权威性 9
- 1.3.2 特点2：实用性 10
- 1.3.3 特点3：规范性 10
- 1.3.4 特点4：特定性 11
- 1.3.5 作用1：管理调控 11
- 1.3.6 作用2：约束规范 12
- 1.3.7 作用3：协商交流 13
- 1.3.8 作用4：依据凭证 13

1.4 公文的主要用语 14
- 1.4.1 内容审批 14
- 1.4.2 关系转呈 18
- 1.4.3 祈请用语 20
- 1.4.4 时间用语 21
- 1.4.5 客套用语 23

第2章 基本范式：写作运用的流程保证 25

2.1 体式与稿本 26
- 2.1.1 公文体式概述 26
- 2.1.2 公文文体 27
- 2.1.3 书面格式和排版形式 28
- 2.1.4 印装要求和稿本 31

2.2 行文规范 32
- 2.2.1 行文的关系 32
- 2.2.2 行文方向和方式 33
- 2.2.3 行文的规则 35

2.3 处理工作 37
- 2.3.1 地位和特点 37
- 2.3.2 关系分析 38
- 2.3.3 组织形式 39
- 2.3.4 具体要求 40

2.4 办理程序 40
- 2.4.1 公文拟制 41
- 2.4.2 发文程序 43
- 2.4.3 收文程序 46

2.5 立卷工作 50
- 2.5.1 具体含义 50
- 2.5.2 组织工作 50
- 2.5.3 要求与方法 51

目录

	2.5.4 准备工作 52
2.6	整理与归档 53
	2.6.1 组卷过程 53
	2.6.2 移交归档 54

第3章 书写要点：一般范式的主要元素 55

- 3.1 一般步骤 56
  - 3.1.1 明确主旨 56
  - 3.1.2 收集资料 57
  - 3.1.3 拟写提纲 58
  - 3.1.4 起草成文 59
  - 3.1.5 修改完善 60
- 3.2 版头 61
  - 3.2.1 份数序号 62
  - 3.2.2 保密设置 62
  - 3.2.3 急度设置 63
  - 3.2.4 发文机关标志 63
  - 3.2.5 发文字号 64
  - 3.2.6 签发人 64
- 3.3 主体 65
  - 3.3.1 标题要素 65
  - 3.3.2 主送机关 65
  - 3.3.3 正文结构 66
  - 3.3.4 附件说明 66
  - 3.3.5 公文落款 67
  - 3.3.6 附注 69
  - 3.3.7 附件 69
- 3.4 版记 70
  - 3.4.1 抄送机关 71
  - 3.4.2 印发标识 71
- 3.5 页码和表格 72
  - 3.5.1 页码 72
  - 3.5.2 横排表格 72
- 3.6 写作原则 73
  - 3.6.1 内容区域的"三查三改" 73
  - 3.6.2 语言文字的"三查三改" 74
  - 3.6.3 体式问题"五查五改" 75
- 3.7 写作要求 76
  - 3.7.1 符合政令，切实可行 76
  - 3.7.2 行文周严，一文一事 78
  - 3.7.3 语体适用，格式规范 79
  - 3.7.4 明确关系，遵守规则 80
  - 3.7.5 表述精当，准确无误 80
- 3.8 注意事项 81
  - 3.8.1 构思了解阶段 81
  - 3.8.2 正式起草阶段 82

第4章 法定类公文：把握内涵，表述得当 83

- 4.1 决议 84
  - 4.1.1 基本常识 84
  - 4.1.2 格式要点 85
  - 4.1.3 写作技巧 86
  - 4.1.4 案例模板1：批准性决议 87
  - 4.1.5 案例模板2：公布性决议 88
- 4.2 决定 90
  - 4.2.1 基本常识 90
  - 4.2.2 格式要点 90
  - 4.2.3 写作技巧 91
  - 4.2.4 决定与决议的关系 92
  - 4.2.5 案例模板1：法规政策性决定 93
  - 4.2.6 案例模板2：决策知照性决定 94
- 4.3 公告 96

目录

- 4.3.1 基本常识 ... 96
- 4.3.2 格式要点 ... 97
- 4.3.3 写作技巧 ... 98
- 4.3.4 案例模板1：法定事项公告 ... 98
- 4.3.5 案例模板2：重要事项公告 ... 100
- 4.4 通告 ... 100
  - 4.4.1 基本常识 ... 100
  - 4.4.2 格式要点 ... 101
  - 4.4.3 写作技巧 ... 102
  - 4.4.4 通告与公告的关系 ... 102
  - 4.4.5 案例模板1：知照性通告 ... 103
  - 4.4.6 案例模板2：规定性通告 ... 104
- 4.5 通知 ... 105
  - 4.5.1 基本常识 ... 105
  - 4.5.2 格式要点 ... 106
  - 4.5.3 写作技巧 ... 107
  - 4.5.4 常见病误现象 ... 108
  - 4.5.5 案例模板1：事项性通知 ... 108
  - 4.5.6 案例模板2：指示性通知 ... 109
- 4.6 通报 ... 110
  - 4.6.1 基本常识 ... 110
  - 4.6.2 格式要点 ... 112
  - 4.6.3 写作技巧 ... 112
  - 4.6.4 通报、通知、通告的区别 ... 113
  - 4.6.5 案例模板1：表彰性通报 ... 114
  - 4.6.6 案例模板2：情况性通报 ... 114
- 4.7 意见 ... 116
  - 4.7.1 基本常识 ... 116
  - 4.7.2 格式要点 ... 117
  - 4.7.3 写作技巧 ... 118
  - 4.7.4 案例模板：贯彻性意见 ... 119
- 4.8 报告 ... 121
  - 4.8.1 基本常识 ... 121
  - 4.8.2 格式要点 ... 122
  - 4.8.3 写作技巧 ... 122
  - 4.8.4 案例模板1：汇报性报告 ... 123
  - 4.8.5 案例模板2：答复性报告 ... 124
- 4.9 请示 ... 125
  - 4.9.1 基本常识 ... 125
  - 4.9.2 格式要点 ... 126
  - 4.9.3 写作技巧 ... 127
  - 4.9.4 报告与请示的区别 ... 128
  - 4.9.5 案例模板1：请求批准性请示 ... 128
  - 4.9.6 案例模板2：请求批转性请示 ... 129
- 4.10 批复 ... 131
  - 4.10.1 基本常识 ... 131
  - 4.10.2 格式要点 ... 132
  - 4.10.3 写作技巧 ... 133
  - 4.10.4 案例模板1：指示性批复 ... 133
  - 4.10.5 案例模板2：审批性批复 ... 134

目录

第5章 计划类公文：条理清楚，科学可行 ... 137

- 5.1 工作要点 ... 138
  - 5.1.1 基本常识 ... 138
  - 5.1.2 格式要点 ... 138
  - 5.1.3 写作技巧 ... 139
  - 5.1.4 案例模板1：部门工作要点 ... 140
  - 5.1.5 案例模板2：行政工作要点 ... 141
- 5.2 工作计划 ... 142
  - 5.2.1 基本常识 ... 142
  - 5.2.2 格式要点 ... 143
  - 5.2.3 写作技巧 ... 144
  - 5.2.4 案例模板：年度工作计划 ... 144
- 5.3 方案 ... 146
  - 5.3.1 基本常识 ... 146
  - 5.3.2 格式要点 ... 146
  - 5.3.3 写作技巧 ... 147
  - 5.3.4 案例模板：活动方案 ... 147

第6章 规章类公文：切合实际，具体明确 ... 151

- 6.1 办法 ... 152
  - 6.1.1 基本常识 ... 152
  - 6.1.2 格式要点 ... 152
  - 6.1.3 写作技巧 ... 153
  - 6.1.4 案例模板：管理办法 ... 153
- 6.2 规定 ... 155
  - 6.2.1 基础常识 ... 155
  - 6.2.2 格式要点 ... 156
  - 6.2.3 写作技巧 ... 156
  - 6.2.4 案例模板：方针政策性规定 ... 157
- 6.3 细则 ... 158
  - 6.3.1 基本常识 ... 158
  - 6.3.2 格式要点 ... 159
  - 6.3.3 写作技巧 ... 160
  - 6.3.4 案例模板：部分实施细则 ... 161
- 6.4 章程 ... 162
  - 6.4.1 基本常识 ... 162
  - 6.4.2 格式要点 ... 163
  - 6.4.3 写作技巧 ... 163
  - 6.4.4 案例模板：组织章程 ... 164

第7章 凭证类公文：清楚明白，陈言务去 ... 167

- 7.1 合同 ... 168
  - 7.1.1 基本常识 ... 168
  - 7.1.2 格式要点 ... 169
  - 7.1.3 写作技巧 ... 170
  - 7.1.4 案例模板：采购合同 ... 170
- 7.2 意向书 ... 172
  - 7.2.1 基本常识 ... 172
  - 7.2.2 格式要点 ... 172
  - 7.2.3 写作技巧 ... 173
  - 7.2.4 合同与意向书的区别 ... 174
  - 7.2.5 案例模板：合作意向书 ... 174
- 7.3 收条 ... 175
  - 7.3.1 基本常识 ... 176
  - 7.3.2 格式要点 ... 176
  - 7.3.3 写作技巧 ... 177
  - 7.3.4 案例模板：单位收条 ... 177
- 7.4 协议书 ... 178

目录

7.4.1	基本常识	178
7.4.2	格式要点	178
7.4.3	写作技巧	179
7.4.4	案例模板：合作协议书	179

第 8 章 讲话类公文：用语恳切，简洁明了 181

- 8.1 发言稿 182
  - 8.1.1 基本常识 182
  - 8.1.2 格式要点 184
  - 8.1.3 写作技巧 185
  - 8.1.4 案例模板 1：工作类发言稿 186
  - 8.1.5 案例模板 2：纪念类发言稿 187
- 8.2 开幕词 190
  - 8.2.1 基本常识 190
  - 8.2.2 格式要点 191
  - 8.2.3 写作技巧 192
  - 8.2.4 案例模板 1：一般性开幕词 193
  - 8.2.5 案例模板 2：侧重性开幕词 195
- 8.3 闭幕词 196
  - 8.3.1 基本常识 196
  - 8.3.2 格式要点 197
  - 8.3.3 写作技巧 198
  - 8.3.4 开幕词和闭幕词的关系 199
  - 8.3.5 案例模板：大会闭幕词 200
- 8.4 欢迎词 201
  - 8.4.1 基本常识 201
  - 8.4.2 格式要点 202
  - 8.4.3 写作技巧 203
  - 8.4.4 案例模板 1：外交礼仪欢迎词 204
  - 8.4.5 案例模板 2：会议接待欢迎词 205
- 8.5 答谢词 207
  - 8.5.1 基本常识 207
  - 8.5.2 格式要点 208
  - 8.5.3 写作技巧 208
  - 8.5.4 案例模板 1：谢遇型答谢词 209
  - 8.5.5 案例模板 2：谢恩型答谢词 210

第 9 章 专用书信：写作精巧，富于情感 213

- 9.1 倡议书 214
  - 9.1.1 基本常识 214
  - 9.1.2 格式要点 215
  - 9.1.3 写作技巧 215
  - 9.1.4 案例模板：活动倡议书 216
- 9.2 证明信 217
  - 9.2.1 基本常识 218
  - 9.2.2 格式要点 218
  - 9.2.3 写作技巧 219
  - 9.2.4 案例模板：个人证明信 219
- 9.3 介绍信 220
  - 9.3.1 基本常识 220
  - 9.3.2 格式要点 221
  - 9.3.3 写作技巧 222
  - 9.3.4 案例模板：书信式介绍信 222
- 9.4 慰问信 223
  - 9.4.1 基本常识 223

- 9.4.2 格式要点 223
- 9.4.3 写作技巧 224
- 9.4.4 案例模板：节日慰问信 225
- 9.5 贺信 226
  - 9.5.1 基本常识 226
  - 9.5.2 格式要点 227
  - 9.5.3 写作技巧 228
  - 9.5.4 案例模板：事项贺信 228

第10章 电子公文：适应社会发展的新工具 231

- 10.1 基本常识 232
  - 10.1.1 基本含义 232
  - 10.1.2 主要分类 232
  - 10.1.3 特性和作用 233
- 10.2 设计原则 234
  - 10.2.1 高技术 234
  - 10.2.2 智能化 234
  - 10.2.3 便捷式 234
- 10.3 处理程序 234
  - 10.3.1 相互匹配 234
  - 10.3.2 智能生成 235
  - 10.3.3 高效运转 235
- 10.4 技术要求 235
  - 10.4.1 全程监查 236
- 10.4.2 自动记录 236
- 10.4.3 安全可靠 236
- 10.5 办理规范 236
  - 10.5.1 统一管理 236
  - 10.5.2 核准删除、销毁 237
  - 10.5.3 生命周期 237
  - 10.5.4 办理制度 237
- 10.6 传输流程 238
  - 10.6.1 格式规范编排 238
  - 10.6.2 数字签名验证 238
  - 10.6.3 加密解密流程 239
  - 10.6.4 打包压缩操作 239
  - 10.6.5 签收和验证 239
  - 10.6.6 原样打印输出 239
- 10.7 档案管理 240
  - 10.7.1 模式选择 240
  - 10.7.2 归档期限 240
  - 10.7.3 归档鉴别 241
  - 10.7.4 归档流程 241
- 10.8 安全管理 242
  - 10.8.1 传输过程的安全性 242
  - 10.8.2 利用活动的安全性 242
  - 10.8.3 归档管理的安全性 242
  - 10.8.4 存储载体的安全性 243

第 1 章

公文入门：
顺利成文的先决条件

学前提示

  公文，顾名思义，即"公务文书"，是各级各类机关、社会团体和企事业单位用来处理公务、有特定效能和规范的应用文，在日常生活和工作中比较常见。
  本章将具体介绍公文的含义、分类、特点和作用，以及公文中的主要用语，以期读者对公文有初步了解。

要点展示

- ➢ 公文的含义
- ➢ 公文的分类
- ➢ 公文的特点和作用
- ➢ 公文的主要用语

1.1 公文的含义

公文，顾名思义，即公家为了办公需要而写作的文书，也就是用于公事的文书。而关于公文的具体含义，其界定众说纷纭，不一而足。在此，笔者主要从 3 个方面来具体分析公文的含义。

1.1.1 公文的基本含义

公文，全称为"公务文书"，是社会公务活动的产物和工具。具体来说，公文是国家机关、社会团体和企事业单位在处理公务活动中产生的具有传递信息和记录作用的载体。这是公文的基本含义，也是被大家普遍认识到的含义。

从这一方面来说，与其他文书相比，公文有 4 个迥异于其他文书、文件的构成要素，如图 1-1 所示。

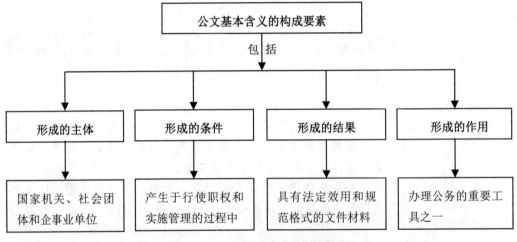

图 1-1 公文基本含义的构成要素

其中，公文基本含义"形成的结果"一项，从其与其他文章和图书资料等信息传播载体的区别而言，是构成其形成上述公文基本含义的主要特点。

1.1.2 公文的属性含义

从上一节的公文基本含义介绍中可知，公文形成的作用是扮演办理公务的重要工具的角色。因此，从公文的属性方面来说，它是实现国家统治和公事、公务管理的一种重要工具，特别是在政府机关公文中，它有着鲜明的属性特征，具体分析如图 1-2 所示。

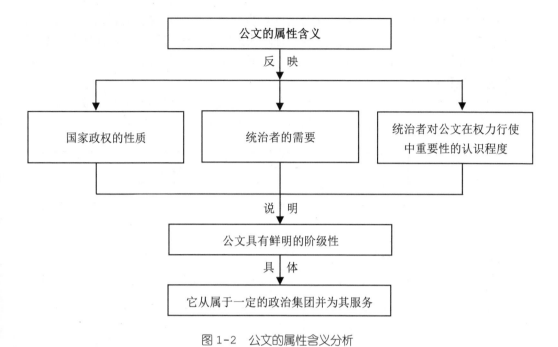

图 1-2 公文的属性含义分析

1.1.3 公文的概念发展

具体来说，公文概念的发展和形成可以分为如下几个阶段：

1. 出现和产生：先秦时期

在这一阶段，公文开始出现，最早可以追溯到殷商时期的关于殷商王的活动记录和奴隶主文告的甲骨文公文，其后又出现了金文公文、石刻公文等。图 1-3 所示为毛公鼎和其上所镌刻的铭文。

图 1-3 毛公鼎及其铭文

毛公鼎上的铭文是商周时期金文公文的典型代表，是现存最长的青铜器铭文，主要分为 7 段，是说周宣王为了振兴朝政而请毛公辅佐治理内外政务，并饬其勤公无私，最后颁赠命服厚赐，毛公因而铸鼎传示子孙永宝。其中就有关于周宣王与臣下之间的公文方面的文书内容。

在这一时期，已经出现了有特定名称的公文类型，如《尚书》中有记载的就有 6 种"典谟训诰誓命之文，凡百篇"，具体如图 1-4 所示。

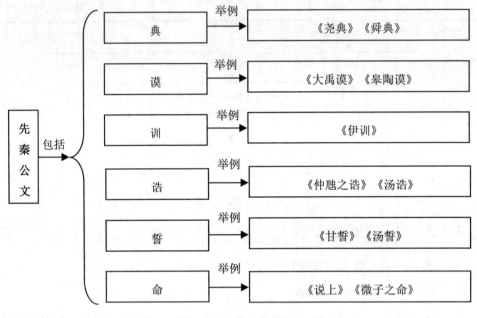

图 1-4　先秦公文名称

2．形成与发展：秦汉—明清

在先秦公文的基础上，秦汉时期公文有了新的发展。如秦朝在文体和语体上的形成上有了很大革新，特别是在语体上，形成了君贵臣卑的公文特有的语体；汉朝则开始根据内容对公文种类进行具体划分，使得其文种数量明显增加。

进入魏晋南北朝时期，在秦汉的公文分类上有所革新，即改变了秦汉以来律令不分的状况，对"令"有了新的界定，具体是指行政规章制度类的条文，这一定义为后代所沿用。

随着公文应用的发展，在隋唐、宋元、明清时期，进入公文全面发展和完善阶段，具体表现如图 1-5 所示。

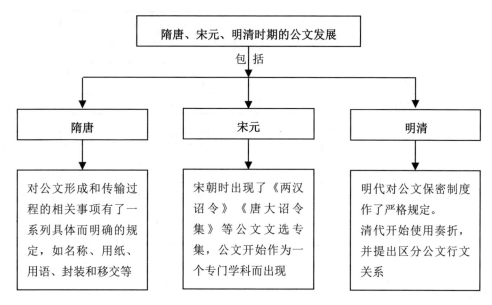

图 1-5 隋唐、宋元、明清时期的公文发展

3. 革新与确定：1912 年至今

1912 年 1 月 1 日"中华民国"成立后，在公文名称和内容中人的称谓上进行了巨大革新，是公文文体发展的一次革命。具体表现为：
- 废除封建王朝使用的制、诏、奏、表等名称，代之以令、咨、呈、状等；
- 禁用"大人""老爷"等称谓，代之以官员的职务名称。

1949 年 10 月 1 日中华人民共和国成立后，在公文的种类方面有了进一步规范化的规定，并于 2012 年印发了《党政机关公文处理工作条例》，规定了党政机关十五种法定公文，这是对党政机关处理工作科学化、制度化和规范化的重大推进。

1.2 公文的分类

在日常工作中，人们会发现，自己所接触的公文有着多种形式，并有不同分类，本节将就公文的各种形式来具体介绍公文的分类。

1.2.1 分类 1：从内容性质上划分

从内容性质上对公文进行分类，就是把公文按照其表现出来的能概括文件内容特点的性质因素进行分类，具体来说可分为五类，如图 1-6 所示。

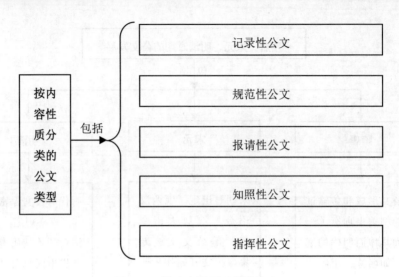

图 1-6　按内容性质分类的公文

1.2.2　分类 2：从传播途径上划分

随着现代信息技术的发展，公文的传播途径也向着两个方向分化，即通过印刷体文件传播的传统的纸质公文和通过网络媒体传播的电子公文。

其中，电子公文已成为人们工作和生活的新工具，且在日常工作中发挥着越来越重要的作用，这是适应公文应用发展需求的，具体分析如图 1-7 所示。

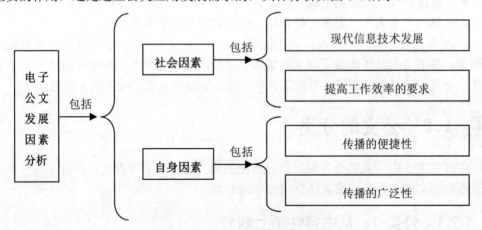

图 1-7　电子公文发展的因素分析

1.2.3　分类 3：从使用范围上划分

不同类型的公文有其不同的使用范围，这些适用于不同范围和领域的公文也有着各自的特点，因此，在了解公文的分类上有必要根据使用范围来进行划分，以便更好地掌握公文的写作和运用。

一般来说，从使用范围上划分，公文可分为三类，具体如下：
- 通用公文；
- 专用公文；
- 技术公文。

1.2.4　分类4：从行文关系上划分

在国家机关、社会团体和企事业单位体系内，各级部门之间有着隶属关系，因而使得公文的行文关系也产生了差异。从这一方面来说，公文也可以分为三类，具体如下：
- 上行文；
- 平行文；
- 下行文。

1.2.5　分类5：从机密程度上划分

不同公文有着不同的阅读范围，而阅读范围的不同又充分体现了公文的机密程度。从这一方面来说，公文也可分为3类：
- 秘密公文；
- 普通公文；
- 公布公文。

其中，秘密公文和公布公文在阅读范围上的区别最为明显：秘密公文是禁止在许可范围外传播的，而公布公文恰好相反，它是需要发布者广而告之的。

1.2.6　分类6：从内容来源上划分

从内容来源来划分的公文类型，是基于一个特定的体系而言的，它指的是一定体系范围内，其公文的内容来源有着明显的方向性和多样性，如图1-8所示。

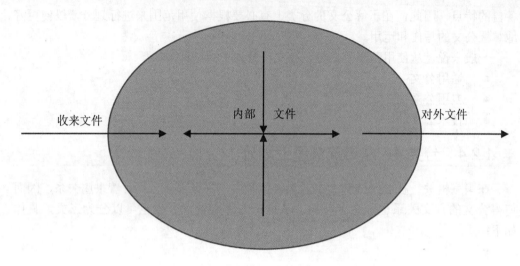

图1-8　不同来源的公文类型

1.2.7　分类7：从制发机关上划分

这主要是针对党政机关公文而言的，也是党政机关的不同职责和公文的不同效用的具体体现，而这些又使得公文的阅读范围和阅读对象身份有着明显区别。

因此，根据制发机关的不同和由其引起的公文作用方面的不同，公文一般可以分为三类，具体如图1-9所示。

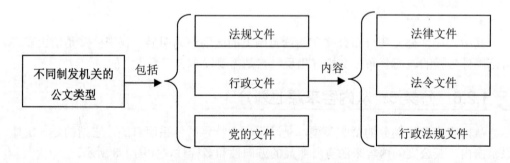

图1-9　不同制发机关的公文类型

1.2.8　分类8：从紧急程度上划分

根据紧急程度来划分的公文类型，究其本质，还是就公文的重要性和时间紧迫性而言的。紧急程度不同的公文，其处理期限也有着明显区别。图1-10所示为不同公文的类型及其办理期限。

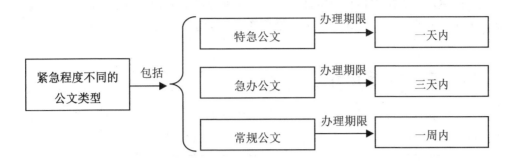

图 1-10 紧急程度不同的公文类型及其办理期限

1.3 公文的特点和作用

公文产生于一定的社会环境，并依照特定的规范而成文，最终运用在不同的领域，因此，相对于其他文书来说，公文有着它自身的特点和作用。了解公文的特点和作用，有助于读者更好地掌握公文的写作技巧和写作规范。因此，本节将对这两个方面的内容进行具体介绍。

1.3.1 特点1：权威性

公文的权威性，具体说来，主要表现在两个方面，一是公文制发机关的权威性，二是公文使用功能的权威性，具体分析如下。

1. 公文制发机关的权威性

公文的形成主体是各级机关、社会团体和企事业单位，因此，对于公文而言，它代表的是这些社会组织的各个机关和部门。特别是对于党政公文来说，其所代表的是各级党政机关。

而党政机关之所以制发公文，其主要原因在于它们需要通过公文来传递党和国家的政策及命令，进而实现其处理公务、开展工作的目的，这就需要制发机关在形成公文时具有法定权威性，这是保证公文所表现出来的意志和策令顺利实现和实施的基础。

2. 公文使用功能的权威性

这一方面的权威性从其实质来说，是由制发机关的权威性衍生出来的。因为当具有权威性的党政机关制定和发布公文时，公文所体现出来的基本职能是把各级党和国家的行政机关处理公务和开展工作的各种策令传播开去，而公文在这一过程中所表现出来的策令性是其具有代表性的使命，从而使得公文在权威性方面有了法定效力和约束力。而且从公文使用功能的本身而言，它使得党政机关必然赋予其权威性的地位。

综上所述，公文是由具有权威性的党政机关制发的具有使用权威性的一种文体。可见，公文的权威性伴随着其产生、传播和使用的全过程，是公文的一种基本的、主要的特点。

1.3.2 特点2：实用性

从公文的属性来说，它是一种服务于现实生活的重要工具，具有明显的实用性，具体分析如图1-11所示。

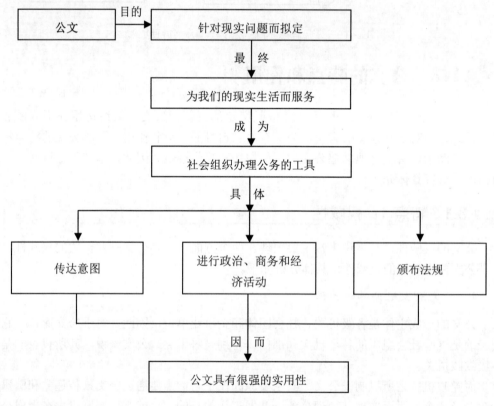

图1-11 公文的实用性分析

可见，实用性是公文的一个重要特征，是公文产生的关键，也是公文存在的必要性要求。

1.3.3 特点3：规范性

公文的成文和传播都是有一定规范的，这就是公文规范性的表现。关于公文的这一特性，可从必要性和具体表现两方面进行考虑，如图1-12所示。

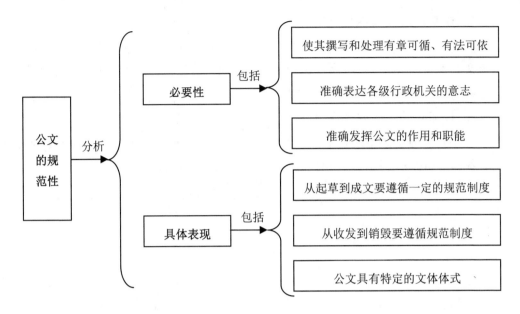

图 1-12　公文的规范性分析

1.3.4　特点4：特定性

公文还具有明显的特定性。这一特点主要表现在公文有一定的行文关系和方向，也就是说，它的受体是一个特定的群体，如图 1-13 所示。

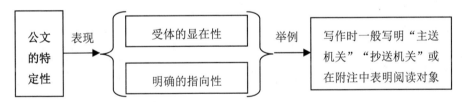

图 1-13　公文的特定性分析

相对于前三个特征而言，公文的特定性是一种更为直观、显性的存在，在公文的正文中可以找到明显相关的语句。

1.3.5　作用1：管理调控

国家机关、社会团体和企事业单位进行公务处理的过程，就是其进行管理和调控的过程，而这一过程的传播媒介主要是公文，因而，公文的内容和基本职能赋予了其管理调控作用。一般说来，公文的管理和调控作用主要表现在如下两个方面。

1. 指导性的管理调控作用

公文是党政机关传达其意志的工具，无论是制定和发出公文的党政机关，还是传达公文的各级党政机关，其所发出的公文本身及其衍生文件都是对工作具有指导意义的存在，能对各级工作起到指导性的管理调控作用。

2. 协调式的管理调控作用

公文的管理调控作用除了表现在公文内容的工作指导方面，还表现在对各级机关、各部门和各社会团体之间的关系协调上，具体如图1-14所示。

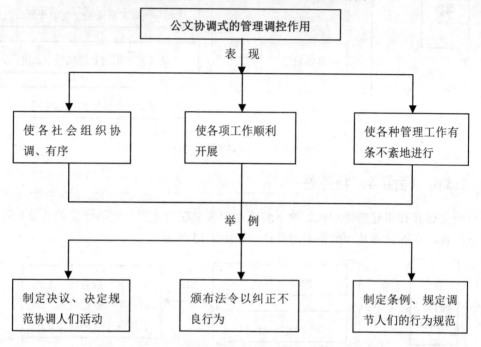

图1-14　公文协调式的管理调控作用分析

1.3.6　作用2：约束规范

俗话说："无规矩不成方圆。"也就是说，对于任何具有组织形式的机关和团体而言，它都需要凭借一定的条文来对人们的行为进行约束和规范。而对于党和国家而言，这些条文就是一系列的以公文形式颁布的法律、法令和法规等。

对于公文而言，它以传达治理党和国家的策令为基本职能，因而以公文形式颁布的法律、法令和法规等是为了约束和规范人民群众的行动，且人们对于公文内容所包含的各种决定必须坚决执行和严格遵守，不得违背。

当然，关于公文的约束规范作用，有三个问题需要注意，如图1-15所示。

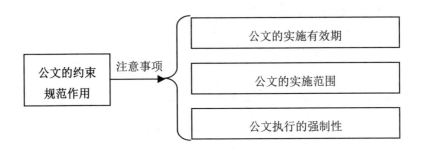

图 1-15　公文的约束规范作用应该注意的事项

1.3.7　作用 3：协商交流

对于各级各类国家机关、社会团体和企事业单位而言，公文不仅是一种起着管理调控和约束规范作用的文体，它还是这些社会组织相互关联的主要媒介，起着沟通不同机关和组织的桥梁和纽带作用。

特别是对于通知、通告、通报、报告、公函等类型的公文而言，其协商交流的作用就更加明显。关于公文的协商交流作用，具体分析如图 1-16 所示。

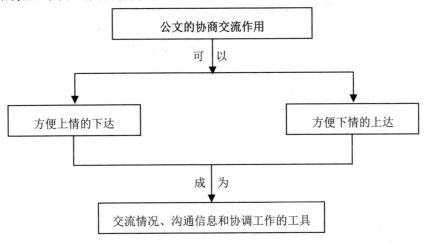

图 1-16　公文的协商交流作用分析

1.3.8　作用 4：依据凭证

在时效性方面，不同的公文是存在区别的，因而为了更好地掌握公文的这一特征，以便为公务的处理提供依据，就需要在制发公文时提供必要的相关内容信息作为凭证。

且从某一方面来说，公文其实就是各级各类机关、社会团体和企事业单位进行的各种公务活动的依据,如图 1-17 所示。

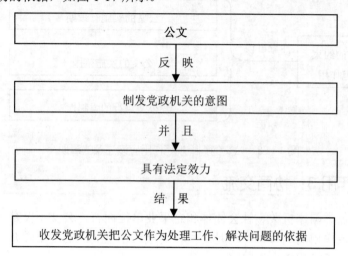

图 1-17　公文的依据和凭证作用分析

1.4　公文的主要用语

在日常生活中,人们会发现,不同的场合要想表现得体,注意说话的用语是很重要的一个要求。在写作公文时,在不同的语境中也应该使用不同的语言。使用正确的公文用语,是写好公文的基本要求和前提。

本节将对五种主要的公文用语进行介绍,以便读者在写作公文时得心应手,顺利完成。

1.4.1　内容审批

公文的审批,一般包括两种情况,即签发和批示。签发和批示公文有着不同的规范用语,具体介绍如下。

1. 公文签发用语

"签发",即在公文或证件上,主管人审核同意后签字发出。公文完成了签发,就表示主管人对该公文或证件负责。而关于公文的签发,有如下四种情况:

1)　关于公文的请领导签发

请领导签发公文,一般说来,包括直接签发、请他人审阅后再签发、先会签后签发等情况,具体用语如图 1-18 所示。

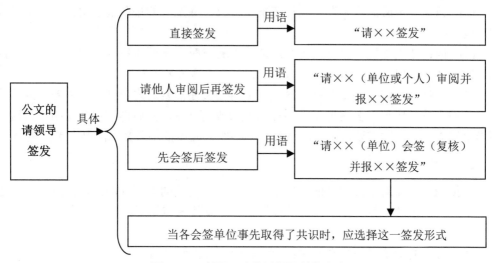

图 1-18 关于公文的请领导签发介绍

2) 关于公文的请办公厅(室)签发

请办公厅(室)签发公文,与请领导签发公文相似,也可分为三种情况:

(1) 直接签发:此种情况下,请求签发的用语为"请办公厅(室)签发"。当然,也可以直接用"请××主任签发""请××同志签发",只是此种请求签发的方式只有确切知道办公厅(室)主任在署内的情况下才能使用。

(2) 请他人审阅后再签发:此种情况下,请求签发的用语为"请××(单位或个人)审阅并请办公厅(室)签发"。

(3) 先会签后签发:此种情况下,规范的请求批发用语为"请××(单位)会签并请办公厅(室)签发"。

3) 关于公文的领导、办公厅(室)签发

这是对上面提及的两种请求签发公文的回答,其规范用语可分为四种情况加以介绍,具体内容如下。

(1) 直接签发:此种情况下,当签发人同意发文时,其批示用语为"发""同意""速发"等;当签发人不同意发文时,其批示用语为"不发""缓发""修改后重报"等。要注意的是,不管签发人同不同意发文,在签发时,都应该在表明态度的签发用语后签字并注明日期,且日期形式要包括年月日。

专家提醒

所有领导、办公厅(室)签发的文件都应该在最后加以说明,即"签字并注明年月日",以便受件人更清楚地了解公文签发信息。如果签发人没有签发,而是改请他人签发的,则不需要签字并注明年月日。

(2) 请他人审阅后再签发：此种情况下，公文签发人的规范批示用语为"请××阅后发"。

(3) 改请他人签发：当公文需要改请他人签发时，需要原签发人在公文发文单的"签发"之外作出批示，指明改请的签发人——"请××签发"。

(4) 请补充、修改后签发：当签发人觉得公文还需要对内容作出简单补充或修改时，签发人首先应该对公文批示需要补充或修改的意见，然后再签字并注明年月日。而当签发人觉得公文需要做重大的修改时，签发人应该批示公文退回办文单位重办。

2. 公文批示用语

"批示"，即对下级的书面报告进行批注。在公文的批示方面，与签发一样，是有一定规范用语的，并有批示与请求批示之分，具体内容如下。

1) 关于送审公文的批示

送审公文的批示根据公文的内容确定程度可分为两种情况：

(1) 征求意见的送审公文批示：对于此种送审公文的批示，根据送审双方关系的不同又可分为两类，如图1-19所示。

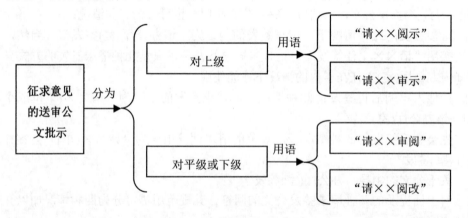

图1-19　征求意见的送审公文批示介绍

(2) 内容基本确定的送审公文批示：此类送审公文也因送审双方关系的不同而不同，如图1-20所示。

2) 关于需送他人阅读公文的批示

这是一种相对来说比较灵活的公文批示，除了必要的批示用语如"请××阅""请××、××阅""请××阅研"外，批示人还可以在其后附上送他人阅读的理由，并提出自己的意见和建议。但是作为送他人阅读的公文而提出的意见与其他意见不同，它并不需要受件人回复。

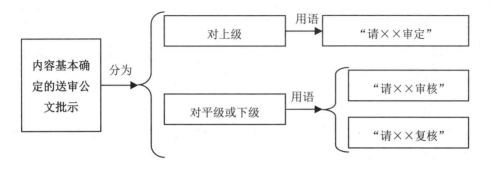

图1-20 内容基本确定的送审公文批示介绍

3) 关于需要办理公文的批示

对于需要办理的公文,批示的情况按公文的不同可分为五类,如图1-21所示。

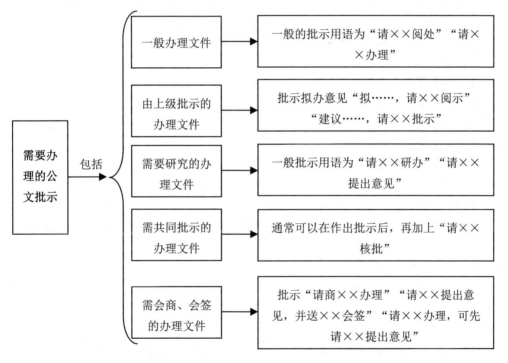

图1-21 需要办理的公文批示介绍

另外,假如需要办理的公文要求在一定的时间内作出批示,那么批示人还应该在批示上加上确切的时间期限,如"请××于×年×月×日前研复""请××于×年×月×日前办结"等。

1.4.2 关系转呈

在公文的成文过程中,行文关系是需要特别注意的,特别是在用语上。不同的行文方向应该选择不同的公文用语,特别是上行文和下行文。下面分别举例进行介绍。

1. 上行文用语

在向上级行文的用语中,应该符合特定的语境和双方间的关系,如含有"呈"和"报"的词语就明显有下级向上级行为的语义。

1) 含有"呈"的词语

"呈"的一个含义是"恭敬地送上",因而含有"呈"的词语应该用在上行文中,举例如下。

(1) 呈请。

【含义】用公文向上级请示、申请或要求。

【例句】这件事应该**呈请**上级部门批准后再作答复。

(2) 呈递。

【含义】郑重、恭敬地递交。

【例句】那个工程师奉命将规划表**呈递**到审计处。

(3) 呈报。

【含义】呈文上报。

【例句】兹**呈报**我局《××××工作总结》一式三份,请查收。

(4) 谨呈。

【含义】犹敬呈,意为郑重、恭敬地呈上。

【例句】**谨呈**《四子》二部,小疏二册,以为羔雁资。(明·金铉《上高砥斋先生书》)

2) 含有"报"的词语

含有"报"的词语如报请、报送、报批、报经等都有由下向上行文的含义,具体如下。

(1) 报请。

【含义】用书面报告向上级请示,以便解决、答复、批准某一问题。

【例句】对此间发生的重大问题的处置,应事先**报请**市委审定,不得自作主张、擅自处理。

(2) 报送。

【含义】报告并送交上级或有关部门。

【例句】现将分局《××××工作计划》**报送**市局,请予审示。

(3) 报批。

【含义】报请上级审查批准。

【例句】这一方案还在**报批**中，预计明年出台方案。

(4) 报经。

【含义】向上级的报告已经由……

【例句】《关于××体制的改革方案》已**报经**省政府核准。

2. 下行文用语

在向下级行文的用语中，与上行文的要求一样，应该采用符合双方间的关系的话语，如含有"颁"和"布"的词语。

1) 含有"颁"的词语

"颁"字含有"下发"的语义，可见，与"颁"组合而成的词语是能作为由上向下行文的用语而出现的，如颁发、颁行、颁布，具体如下。

(1) 颁发。

【含义】①发布（命令、指示、政策等）；②授予（勋章、奖状、证书等）。

【例句1】条例自颁发之日起执行。

【例句2】省文化艺术基金会现场为××市文化艺术基金会**颁发**了×××专项资金现金支票。

(2) 颁行。

【含义】公布施行。多用于政策、法规的颁发与贯彻执行。

【例句】这一政策已在我国**颁行**很多年了。

(3) 颁布。

【含义】向下颁发。一般用于法令规章、行政措施等的已发公布周知。

【例句】英国《权利法案》是1689年**颁布**的。

2) 含有"布"的词语

"布"有"宣布，宣告"和"安排，布置"等含义，在一些特定的环境中有由上向下行文的意义，如词语"公布""宣布""发布""此布"等，具体介绍如下。

(1) 公布。

【含义】公开宣布、告知。"公布"是一种用于法律、法令、行政法规和奖项等的程式性用语。

【例句】组委会已于昨日**公布**了此次参赛的获奖名单。

(2) 宣布。

【含义】向听众宣读某个决定、信息，即公开发布。"宣布"是一种用于命令(令)、法规等的用语。

【例句】伟大领袖毛泽东主席站在天安门城楼上庄严地向世界**宣布**中国人民从此

站起来了。

(3) 发布。

【含义】思想、观点、文章和意见等通过各种形式公之于众。

【例句】这项研究的**发布**使得相关领域的发展进入新阶段。

(4) 此布。

【含义】意为"在这里宣布",多用于布告的结尾。一般另起一行,空两格,使用与发布机关名称字号相同的醒目的大号字。

【例句】望我××农、牧、工、商全体人员一律安居乐业,切勿轻信谣言,自相惊扰。切切**此布**。

1.4.3 祈请用语

在公文写作中,祈请用语一般比较常见,主要是向受文者表示期望或请求。

1. "望"类祈请语

"望"有"期望、希望"的含义,包含"望"字的祈请语一般多置于公文的结尾处。这类祈请语主要有"望请""望即"等,具体介绍如下。

(1) 望请。

【含义】这是一个多用于上行文的祈请语,意为"希望、请求"。

【例句】对我们提出的要求和意见,**望请**领导能早一点给以批示。

(2) 望即。

【含义】与"望请"不同,"望即"一般多用于下行文,表示的是一种期望,意为"希望立即"。

【例句】接此通知后,**望即**组织相关人员认真学习。

2. "务"类祈请语

"务"在此意为"务必",有着很强的祈使语气。这类祈请语主要有"务必""务求"和"务期"等,具体介绍如下。

(1) 务必。

【含义】意为"必须、一定",主要用在下行文的公文内容中。

【例句】《关于新形势下党内政治生活的若干准则》和《中国共产党党内监督条例》这两个文件,**务必**贯彻执行。

(2) 务求。

【含义】意为"必须要求(达到某种情况或程度)"。

【例句】在正确的理论指导下,**务求**生态环境治理取得实效。

(3) 务期。

【含义】意为"一定要",与"务必"一样,用于下行文的公文内容中。

【例句】对这一重大的设施工程,望在工程指挥部的统一领导下,团结奋战,**务期**必成。

3. "请"类祈请语

"请"即"请求",有着明显的祈请含义。这类祈请语主要有"恳请""务请"等,具体介绍如下。

(1) 恳请。

【含义】意为"诚恳地请求、邀请"。

【例句】夏季已到,为预防中暑,以利于工作和身体健康,需领电扇四台,**恳请**批准。

(2) 务请。

【含义】意为"一定请",可理解为"请某人一定要做某事"。

【例句】对这一问题,已经有了具体解决办法,**务请**仔细阅读、快速处理。

1.4.4 时间用语

公文有着很强的时效性,特别是通知、通告、批复、安排等,因而需要公文写作者在撰写过程中注意时间方面词语的运用,力求准确、恰当。下面将介绍公文中比较常见的时间用语,举例如下。

1. 含"日"的时间用语

"日"字有"每天""一段时间"的含义,因而在公文的写作中常出现含"日"的表示时间意义的词语,如"不日""日内""日前"和"即日"等,具体介绍如下。

(1) 不日。

【含义】意为"不久,要不了几天",是表示将来时间的用语。

【例句】为发展经济而制定的《××××规划》,**不日**即可出台。

(2) 日内。

【含义】意为"近几天内",是表示将来时间的用语。

【例句】第九届××学术研讨会,**日内**即可举行。

(3) 日前。

【含义】意为"前几天,过去几天",是表示过去时间的用语。

【例句】×××教育考试院**日前**公布了研究生考试主要工作日程。

(4) 即日。

【含义】意为"当天",是表示现在时间的用语。

【例句】关于××会议的闭幕消息**即日**见报不误。

2. 含"兹"的时间用语

从时间上来说,"兹"表示"现在,此时",是公文中常见的表示现在时间的用语。由其组合而成的词语主要有"兹将""兹有""兹因""兹派"和"兹就"等,具体介绍如下。

(1) 兹将。

【含义】意为"现在将"。

【例句】兹将《×××工作计划》送上,请审示。

(2) 兹有。

【含义】意为"现在有",多用于介绍信的起笔处。

【例句】兹有我厅××同志前赴贵省参加××研讨会,请予接洽。

(3) 兹因。

【含义】意为"现在因",多用于事务性通知、信函的起笔处。

【例句】兹因连日多雨,原定于11月18日举行的运动会暂停,具体何时举行另作安排。

(4) 兹派。

【含义】意为"现在派",多用于介绍信函的起笔处。

【例句】兹派×××就两省经济合作一事,到贵处进行商业洽谈,请接洽。

(5) 兹就。

【含义】意为"现在针对;现在对于",多用于指示性公文的起笔处。

【例句】兹就我处×××同志档案查询一事,答复如下。

3. 含"业"的时间用语

"业"也有一个表达时间的义项,即"既,已经"。在公文中,由"业"组合而成的时间用语主要有"业已""业经"等,具体介绍如下。

(1) 业已。

【含义】意为"已经"。

【例句】从检查的结果来看,××省××职业院校技能大赛的各项准备工作业已就绪。

(2) 业经。

【含义】意为"已经经过"。

【例句】《××市海域使用管理办法》业经市政府批准,现予发布施行。

专家提醒

"届时"也是一个表示时间的常见公文用语,意为"到时候",常用于通知、礼仪性公文,如请柬。

【例句】兹定于×月××日晚×时在××××举行"五一"电影招待会，现寄去入场券一张，请届时参加。

1.4.5 客套用语

客套用语是一种在公文中对受件人表示礼貌的规范用语，也是在公文写作中经常出现的一类词语，举例如下。

1. 贵

"贵"是一个敬辞类的称谓语，一般表示对对方单位及其相关事物的尊称。但是"贵"用于表示对方单位时，有一个非常重要的前提，那就是发文方的单位与对方单位不是同一个单位或是不相隶属的单位。

【例句】为了进一步提升规划管理水平，我镇拟安排×××同志到**贵**局跟班学习，望给予支持为盼。

2. 承蒙

"承蒙"意为"得到"，一般用于平行文或涉外公文，是用于便函结尾的客套用语。

【例句】**承蒙**贵局大力协助，特表感谢。

第 2 章

基本范式：
写作运用的流程保证

学前提示

公文在写作和运用过程中是依照一定的流程和规则来进行的，只有这样才能发挥出公文特有的效用。特别是在其行文过程中，流程的正确性是公文顺利运转的依据。本章将介绍其体式和稿本、行文规范以及行文流程三个方面的内容，帮助大家了解公文运用范式。

要点展示

- ➢ 体式与稿本
- ➢ 行文规范
- ➢ 处理工作
- ➢ 办理程序
- ➢ 立卷工作
- ➢ 整理与归档

2.1 体式与稿本

公文作为一种有着特定效能和规范的应用文,在体式和稿本形成方面有着与其他文体不同的要求和特点。本节将就公文的体式、公文文体、书面格式和排版形式以及装订要求和稿本三个方面进行介绍,具体内容如下。

2.1.1 公文体式概述

对公文而言,它要具有必要的体式是由其地位和作用决定的——公文是各级各类机关、社会团体和企事业单位等依法组成的社会组织实施领导和管理的有力工具,具体分析如图 2-1 所示。

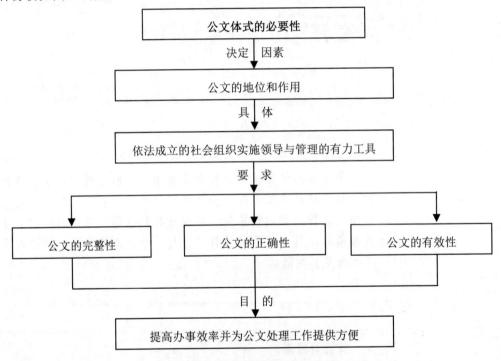

图 2-1 公文体式的必要性分析

在了解了公文体式必要性的基础上,简要介绍公文体式的具体内容。

"体式",自古以来,一般理解为"体裁格式"。如陶弘景在《与武帝启》中写道:"惟叔夜、威辇二篇,是经书体式",明显是指"经"这一类的体裁。近代鲁迅先生在《汉文学史纲要·汉宫之楚声》中称:"虽临危抒愤,词意浅露,而其体式,亦皆楚歌也",说的就是西汉末年汉室倾颓,从少帝与唐姬之歌中可以看到"骚体"

这一诗歌体裁的存在。

具体说来，公文体式主要包括三个方面的内容，如图2-2所示。

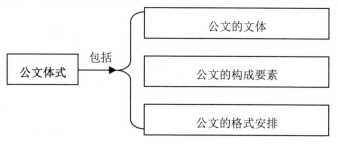

图2-2 公文体式的内容介绍

接下来主要介绍公文的文体和书面格式、排版形式，而关于公文的构成要素将在第3章详细介绍。

2.1.2 公文文体

"文体"，是指文章在写作中为了陈述事情和说明文体所采用的具体方法，以及这一过程中所表现出来的语言特点。简而言之，文体主要包括文章内容的两个方面：

- 文章的表达方式；
- 文章的语体特征。

上面提及，公文是一种应用文体，因而必须具有应用文体的一般特征。除了这些共同的应用文体特征外，公文分别在表达方式和语体特征方面有着独特性，具体介绍如下。

1. 表达方式

众所周知，文章的表达方式有五种，即记叙、描写、抒情、说明和议论。它们是形成文章的形式要素，最终目的是更好地表达文章的内容。

从表达方式上来说，公文主要运用的有三种，如图2-3所示。

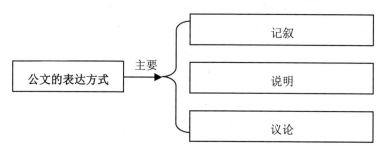

图2-3 公文的主要表达方式

图 2-3 中的表达方式在公文中并不是单一存在的,一般都是以多种组合方式出现的。且其他的两种——描写和抒情——也会在公文写作过程中时有出现。

2. 语体特征

在语言运用方面,公文也是有着它特定的要求和特征的,这也是其文体的一个非常需要规范的方面。对公文而言,其语体特征主要应达到四个方面的要求,如图 2-4 所示。

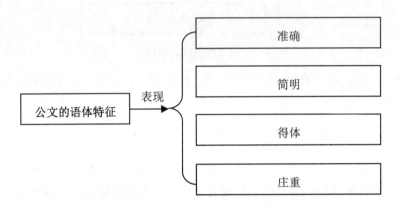

图 2-4 公文的语体特征

2.1.3 书面格式和排版形式

"公文的书面格式",主要包括两个方面的内容:
(1) 公文构成的数据项目在公文文面上所处的位置;
(2) 公文构成的数据项目在公文文面上书写的样式。

专家提醒

数据项目,指的是构成完整公文的要素,是公文的各组成部分的统称。根据《国家机关公文格式》,公文的数据项目可以分为两类,一是指定项目,这是一种类型的公文所必须具备的结构要素;二是选定项目,这是根据具体写作需要而选择的公文结构要素,这一类数据项目,并不是公文所必需的。

对于公文来说,其在书面格式上表现出来的特征是其与一般文章在形式上形成区别的重要标志。总的来说,公文的书面格式可分为三大部分,如图 2-5 所示。

关于公文的文面格式三大部分的具体组成,将在第 3 章进行重点介绍,在此就不再赘述。

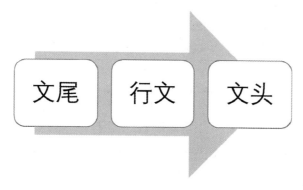

图 2-5 公文文面格式的构成要素

公文的排版形式,简单说来,就是公文的外观形式,是公文各组成部分在文件版面上的标印格式,主要包括:

(1) 版头各组成部分的设计;
(2) 各数据项目在版面上的位置;
(3) 各数据项目的字体字号大小;
(4) 行数、字数和行距、字距等;
(5) 天头地脚以及切口订口距离;
(6) 公文用纸的大小型号要求。

接下来将具体介绍公文在行数与字数、字形、用纸三个方面的内容,具体如下。

1. 行数与字数

公文的版面与一般出版的印刷品不一样,它在行数与字数方面的规定有着明显区别。公文的文面行数与字数要求如图 2-6 所示。

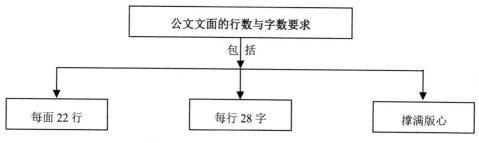

图 2-6 公文文面的行数与字数要求

当然,当公文版面在具体环境中有了特定要求时,可以不遵循上图中的版面要求,进行适当调整。

2. 字形

在字形方面,公文在没有特殊说明的情况下,一般遵循如图 2-7 所示的要求。

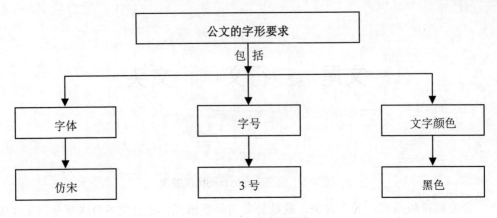

图 2-7　公文的字形要求

3. 用纸

公文在印刷方面也可从两个方面来介绍，一是纸张的大小，二是印刷时的版心和页边距要求，如图 2-8 所示。

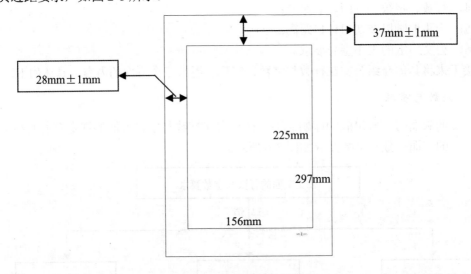

图 2-8　公文用纸的要求

关于公文用纸要求的具体内容，下面将从上面提及的两个方面进行介绍。

1) 纸张的大小

国家标准《印刷、书写和绘图纸幅面尺寸》(GB/T148—1997)中规定了 A4 型的纸张大小为 210mm×297mm，这也是公文用纸的大小，但是当公文以张贴的形式呈现出来时，则应该根据实际需要确定。

2) 版心和页边距要求

公文用纸在排版时,对页面的页边距和版心是做了明确要求的,具体内容如下。
- 版心尺寸:156mm×225mm;
- 天头:37mm±1mm;
- 订口:28mm±1mm;
- 版心距页脚:7mm。

2.1.4　印装要求和稿本

当一份公文的页面较多时,为防止散乱和混淆,就有了装订的要求,这是公文印装的一部分。关于公文的印装(印刷和装订),具体介绍如下。

1. 印刷

公文的文字在印刷时,应该注意以下两个问题:
- 文字方向:从左至右,横排;
- 印刷页面设置:双面印刷。

2. 装订

"装订",即将零散的纸张或书页加工成册,在此主要是指把一份公文的众多页面按顺序订成册。人们在装订时,应该考虑三个方面的问题,如图2-9所示。

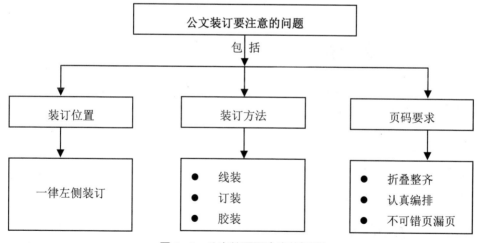

图2-9　公文装订要注意的问题

另外,读者要注意的是,公文的形成并不是一蹴而就的,它是在不断的修改和完善中最终确定的。

在这一过程中,最终确定前的公文稿子称为"文稿",公文的最终确定稿称为"文本",这两者统称为"文稿"。对公文而言,即使是同一内容和形式的文件,也会因为各种因素的影响而形成不同稿本。

其中，文稿包括公文起草过程中、最终确定前的所有稿子，可分为草稿和定稿两种。草稿是公文形成过程中一次又一次的稿子，它一般包括多个版本。而定稿应该是唯一的，是文稿的最终版本。

而对于"文本"这一文稿形式而言，有多种分类，具体如图 2-10 所示。

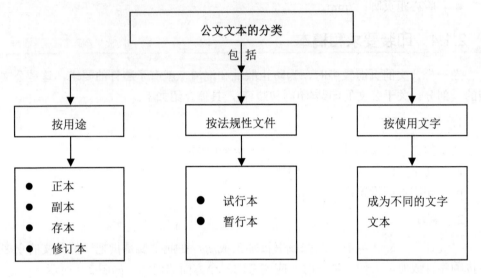

图 2-10　公文文本的分类

2.2　行文规范

公文的行文，有着特定的秩序，一般来说，只有按照一定的规定或准则来行文，才能维护各级各类机关间行文秩序的规范性。公文行文的规范性可从以下三个方面进行考虑：

- 公文行文上下关系的规范；
- 公文行文方向与方式的规范；
- 公文行文规则的规范。

2.2.1　行文的关系

公文的行文关系，取决于发文机关与收文机关的相互关系，它是对公文往来关系的总称。关于公文的行文关系，具体如图 2-11 所示。

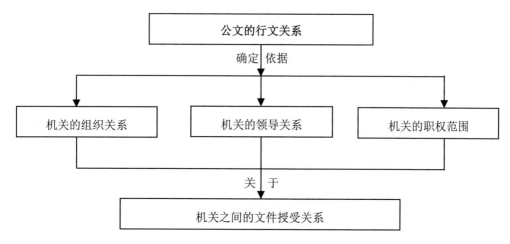

图 2-11　公文行文关系的含义介绍

而从公文往来机关的属性来看，其行文关系可分为两大类，即国家行政机关的行文关系和党的各级组织的行文关系，具体如表 2-1 所示。

表 2-1　公文的行文关系

行文关系类别	隶属关系与职权范围划分规定	基本原则
国家行政机关的行文关系	《中华人民共和国宪法》	地方各级人民政府服从国务院(中央人民政府)
党的各级组织的行文关系	《中国共产党章程》	(1)下级服从上级 (2)全党服从中央

2.2.2　行文方向和方式

基于行文关系的不同，公文的行文方向和方式也是有着根本区别的，一般说来，可以将机关之间的公文往来分为上行、平行和下行这三个方向，并在各级各类机关工作需要的基础上，产生了公文的三大行文方式，即上行文、下行文和平行文。另外，泛行文也是一种重要的行文方式，只是这种行文方式没有特定方向。下面分别加以介绍。

1. 上行文

"上行文"，顾名思义，即由下向上行文，一般来说，是指下级机关或业务部门向所属上级机关或业务主管部门行文的方式。当然，这种方式的行文在行文运用上又可根据公文授受双方之间的关系分为三类，如图2-12所示。

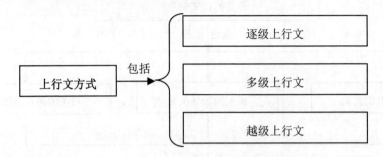

图2-12　公文上行文的行文方式

其中，逐级上行文是公文往来中最基本、最常见的一种行文方式。有时为了工作需要，会根据具体情况采用上行文的其他方式。

2．下行文

在行文方式上，下行文与上行文恰好相反，是上级机关或业务主管部门对所属下级机关或业务部门行文的方式。基于不同的发文目的和要求，下行文也有三种不同的行文方式，具体如图2-13所示。

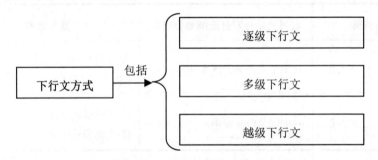

图2-13　公文下行文的行文方式

3．平行文

与上行文和下行文不同，平行文的文件授受机关之间并不是领导与被领导、隶属与被隶属的关系，其公文的往来存在于以下两种机关之间：

- 同级机关之间，如同一部门内的同级机关；
- 不相隶属的、没有领导与指导关系的机关之间。

4．泛行文

泛行文，其强调的是其行文范围的广泛性。这一种公文的行文方式与上述三类有特定行文方向的行文方式不同，它面向的是社会，其受件主体是社会群众，且这种行文方式是没有特定的主送机关的。

2.2.3 行文的规则

公文是各级各类机关、社会团体和企事业单位等用于办理公文的应用文,而这些依法成立的社会组织有着一个庞大、繁杂的关系,为了保证工作的有序进行和效率提高,各级机关和部门之间应该遵循一定的行文规则。

1. 不得越级行文的原则

各级机关和部门有一定的职权范围,公文之间的授受关系应该在一定的职权范围内进行。

《党政机关公文处理工作条例》(以下简称《条例》)第十四条规定:"行文关系根据隶属关系和职权范围确定。一般不得越级行文,特殊情况需要越级行文的,应当同时抄送被越过的机关。"

可见,在一般情况下,各级机关或部门间行文更多的是按照一定的隶属关系和职权范围来逐级行文的。而在一定职权范围内,公文行文设定的要求如图2-14所示。

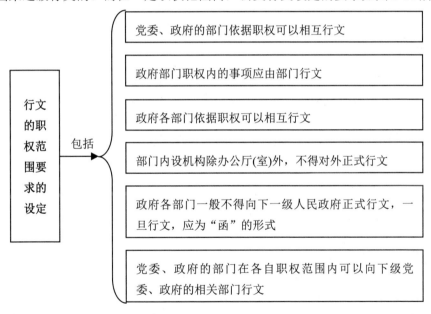

图2-14 公文行文的职权范围要求的设定

2. 联合行文的原则

《条例》第十七条规定:"同级党政机关、党政机关与其他同级机关必要时可以联合行文。属于党委、政府各自职权范围内的工作,不得联合行文。……"

关于联合行文,应该注意多方面的问题,具体如图2-15所示。

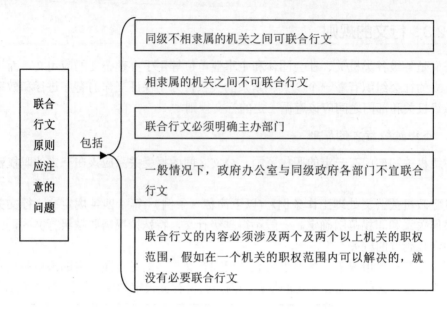

图 2-15 联合行文原则应注意的问题

3. 协商一致的原则

为便于各部门之间工作的协调和有序,《条例》第十六条(四)规定:"涉及多个部门职权范围内的事务,部门之间未协商一致的,不得向下行文;擅自行文的,上级机关应当责令其纠正或者撤销",这是关于公文行文的协商一致原则的具体要求。

协商一致的行文原则强调了各部门之间的合作和职权分明,这也是公文行文的重要原则之一。

4. 公文抄送规则

"抄送",是公文在主送之外所要送达与公文有关、需要知晓或遵照执行的单位的行为。公文的抄送单位并不是其主要的或直接承办单位,在这一过程中所产生的也主要是备案、协调和告知作用。

关于公文的抄送,应该遵循的原则主要包括四个方面的内容,具体如下:

- 所列的抄送单位不应该遗漏,要仔细核查;
- 收到抄送的文件,被抄送机关要妥善处理;
- 抄送机关应该按照机关性质和隶属关系来排序;
- 在列抄送单位时应该慎重,如不宜抄送下级机关和严格控制平级单位的抄送范围。

2.3 处理工作

公文的制发有一个处理的过程，这一过程的所有工作环节就是公文的处理。本节将对公文的处理工作做一个简要概述，从而使得读者对其有一个大概了解。具体要介绍的方面如图2-16所示。

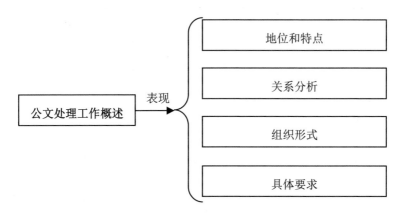

图2-16 公文处理工作内容概述

2.3.1 地位和特点

在机关工作中，公文的处理是机关工作中的一个非常重要的组成部分。具体说来，公文处理工作主要有3个方面的作用，如图2-17所示。

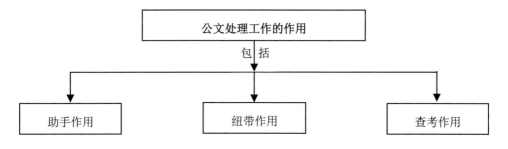

图2-17 公文处理工作的作用介绍

图2-17中所提及的三个作用其实是通过公文的制发等一系列环节对机关工作的作用表现出来的，并不是独立存在的，是其基本任务的具体体现，并最终实现公文处理工作为社会主义现代化建设服务的目标，如图2-18所示。

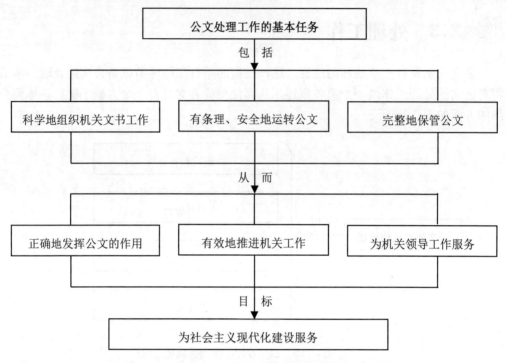

图 2-18 公文处理工作的基本任务与最终目标

公文处理工作的重要地位和作用，也对其自身提出了要求，并把这一要求通过日常的工作体现出来，形成其独有的特点。关于公文处理工作的特点，从其地位和要求等角度来说，主要表现在如下几个方面：

- 从工作地位上而言，它是机关秘书部门最主要、最大量的日常工作；
- 从工作要求上而言，它具有时限性、机要性和规范性；
- 从工作内容上而言，它具有很强的政治性，特别是党政机关公文；
- 从工作环节上而言，它的一系列程序和环节是相互衔接的，呈科学运作状态；
- 从机构设置上而言，它的设置由机关大小、工作繁简和数量多少而定。

2.3.2 关系分析

公文的处理是各机关、部门的日常工作，它需要正确的领导和指导。因此，公文的处理工作是存在一定隶属关系的。如图 2-19 所示，这是党政机关公文处理工作的领导和指导关系。

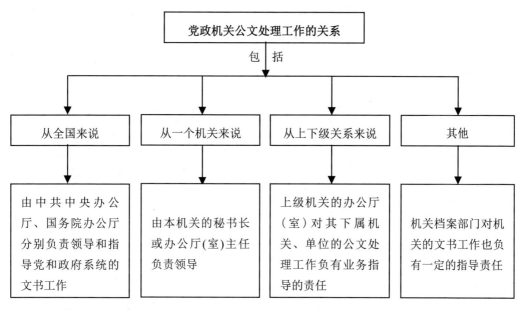

图 2-19 党政机关公文处理工作的关系分析

2.3.3 组织形式

"公文处理工作的组织形式",即一个机关或部门是采取何种形式去组织公文的制定和发文的,这涉及相应机关或部门的多个方面,具体如下:
- 机构设置;
- 权力配置;
- 相互关系。

从以上三个方面考虑,公文处理工作的组织形式可分为两种,即集中和分工。在集中和分工这两种公文处理工作的组织形式下,一个机关或部门到底应该采用何种形式去完成公文的处理,还应该从内到外进行思考。

从"内"而言,就是公文本身的情况,这里主要指公文数量。当然,在此,公文数量指的是机关或部门收文和发文的总体数量,假如公文的数量较多,明显地超过了该机关或部门的工作承载量,就可以考虑采用分工的组织形式进行处理。

从"外"而言,公文处理工作的组织形式应该考虑公文之外的各项要素,特别是机关或部门的设置、人员配备和相互间的距离等,具体如图 2-20 所示。

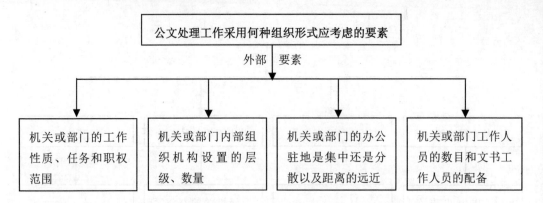

图 2-20　公文处理工作采用何种组织形式应考虑的要素介绍

2.3.4　具体要求

公文处理工作与各级各类机关、社会团体和企事业单位等工作的开展息息相关，因而，对公文的处理工作提出了六大具体要求，只有坚定地按照这些要求来进行，才能保证公文处理的高质量、高效率。图 2-21 所示为公文处理工作的具体要求。

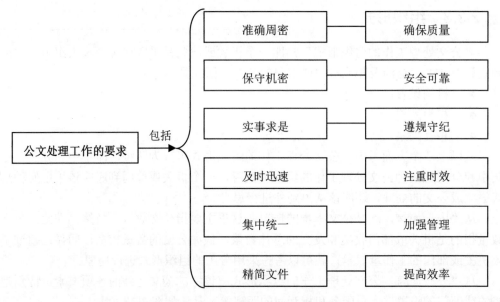

图 2-21　公文处理工作的具体要求分析

2.4　办理程序

在了解了公文处理工作的各项内容之后，接下来具体介绍公文处理的过程和程序,以进一步了解公文的形成和运转。对公文而言,其处理程序无非是其在机关或部门内部从形成到运转处理所必须经过的一系列相互衔接的环节。

公文处理程序在立卷、归档程序外,按照公文在机关间的运转方向来说,可分为两个部分,如图 2-22 所示。

图 2-22 公文处理程序两个重要组成部分

2.4.1 公文拟制

公文拟制是公文处理的主要阶段,也是公文处理工作的中心内容之一,主要由三个环节组成,如图 2-23 所示。

图 2-23 公文文稿的形成阶段

在公文文稿的形成过程中,图 2-23 中的三个环节缺一不可,它们代表着公文文稿形成的不同工作和事务,具体介绍如下。

1. 公文起草

公文起草就是公文的开始写作及形成原始文稿。这一环节是建立在足够多的信息材料基础之上的。只有确保收集的相关材料的完善,才能更好地进行资料的加工处理和再创造,并在这一过程中,把机关的意志通过文字形式表现出来,最终完成机关的意志与有用信息的系统化综合。

公文起草是公文文稿形成阶段的初始环节,这一阶段所形成的文稿是公文文稿形成阶段其他环节的基础文稿,有待余下环节的修改与完善。

2. 全面审核

为了达到公文办理工作准确周密的要求,公文在原始文稿完成之后有必要对其进行审核,可见,公文的审核是公文文稿形成阶段的关键环节之一,是不可或缺的。关于公文的审核,具体内容如图2-24所示。

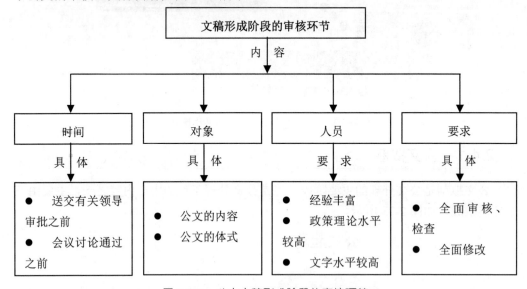

图2-24 公文文稿形成阶段的审核环节

其中,要注意的是,公文文稿在形成过程中,当其内容涉及其他同级的或不相隶属的机关或部门的职权范围时,就有必要与相关的机关或部门协商,从而争取它们的同意或配合。只有在获得同意或配合的基础上,这一公文原始原稿才有继续进行的可能,才是符合公文行文规则的。

3. 签发定稿

公文文稿的形成,在经过全面审核之后,还有一个签发环节,只有经过了签发的文稿才是生效的公文文稿。

对于一般公文文稿而言,只要经机关领导人或被授以专门权限的部门负责人终审核准就能签发生效。对这一类公文,其签发内容包括:

- 对公文批注正式定稿和发出意见;
- 标注终审人的姓名和终审日期。

而对一些规范性及部分重要公文，签发不是必备程序，但是须履行一些其他程序，如经有关会议讨论通过，或是由负责人签署。

2.4.2 发文程序

发文，顾名思义，即向外发出公文，也就是机关文书部门根据具体工作需要向外单位发出公文的活动。

在党政机关的公文处理中，发文办理主要是在内部进行的，只是其公文的运转方向是对外而已。它包括制发公文所进行的拟稿、处置与管理活动的全部运转过程，且这一过程在进行公文办理时，具有以下两个非常显著的特征：

- 很强的确定性；
- 很强的不可逆性。

基于立卷、归档工作在收文和发文中有着一定的区别，本小节内容将在发文办理和收文办理程序都将提及。因此，从这一角度而言，公文的发文办理程序主要分为三个阶段，下面分别进行介绍。

1. 公文文本的印制阶段

公文文本的印制，是在公文文稿形成之后的又一个非常重要的阶段，是公文得以对外传递的物质基础。关于公文印制的工作任务，可从以下方面进行了解：

- 工作依据：公文文稿的签发定稿。
- 工作方式：包括手工缮写、机械誊写和印刷等方式。
- 工作目的和结果：制成对外传递的正式文本，这一文本是有实际使用价值和具有特定效用的。

公文的这一办理程序阶段，也可分为四个基本环节，如图2-25所示。

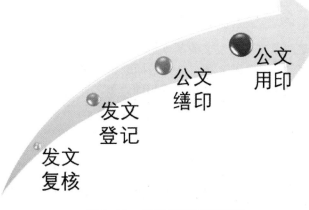

图 2-25　公文文本的印制阶段

关于公文文本印制阶段的四个环节,下面将分别加以介绍。
1) 发文复核

在印制阶段,有些人可能认为,公文文稿既然已经签发定稿了,就应该直接印制了。其实不然,它还应该经过发文复核和发文登记两个环节才能实施印制。在此,将对发文复核的含义进行具体介绍,如图2-26所示。

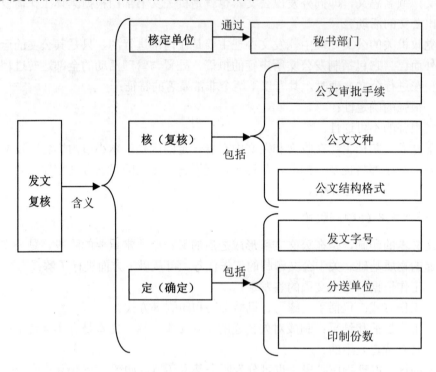

图2-26 公文文本的发文复核

2) 发文登记

在完成发文核定后,在正式付诸印制之前,还应该进行发文登记,以备查询。因此,发文登记主要是对公文及其发文的基本辨识信息进行登记,主要包括四个方面的内容:公文的发文字号、公文的文种、公文的标题和公文的发文范围。

其中,在内容范围上,其与发文核定有相同之处,即发文字号和文种,这是公文发文印制的重要区别因素。另外,公文的标题和发文范围的登记,主要为了有利于查询时的方便和更好地确认公文的效用范围。

3) 公文缮印

这是公文文本的印制阶段的中心活动,也是公文印制的关键环节。这一阶段,主要是把公文文稿的定稿以供实际使用的物质形式呈现出来,奠定对外传递的基础。

一般来说,文件的印制主要是通过手工缮写、机器誊写和印刷等方式来实现的,公文文稿的印制也不例外。

在公文的缮印完成后,如有必要,还应该对印制出来的文件进行校对,这是确保公文质量的最后一个环节。

4) 公文用印

公文完成文本的印制后,想要对外传递,还应该对这一印制和传递行为加以确认,即赋予印制完成文件的公文正式性和法定效力,这一办理程序可通过两种方法来完成:

- 在印制完成的公文上加盖发文机关的印章;
- 请有关领导在公文正本上签注姓名。

2. 正式公文的传递阶段

正式公文的传递阶段是公文发挥特定效用、实现影响扩散的阶段,是公文文本印制阶段的必然结果,这一阶段的主要任务是为受文者有效接收公文创造条件。关于正式公文的传递,具体环节如图2-27所示。

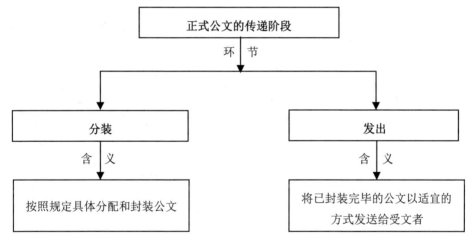

图2-27 公文文本的传递阶段环节介绍

3. 办毕公文的处置阶段

公文在完成发文的传递过程后,为了公文的安全性和便于查阅,还应该完成对公文的暂存、销毁、立卷和归档等程序。

对公文而言,公文的暂存主要是针对那些有很高查考价值的重份公文(一份已立卷归档),当然,对那些一时难以准确判定是否应该销毁的公文也做暂存处理。公文暂存的意义如图2-28所示。

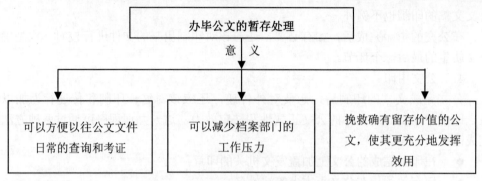

图2-28　办毕公文暂存处理的意义介绍

与暂存处理不同，公文销毁的对象是那些没有留存和利用价值的办毕公文，对这些公文，应该利用各种方式进行毁灭性处理。关于公文的销毁，其意义和要求如图2-29所示。

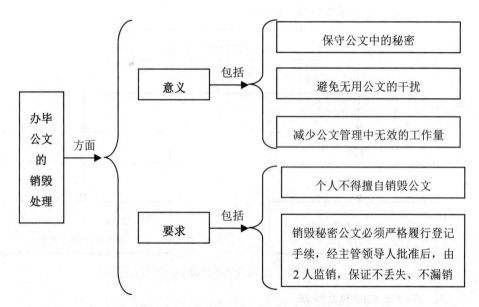

图2-29　办毕公文销毁处理的意义和要求介绍

至于对公文的立卷处理和归档处理，在后面章节中将进行详细介绍，在此不再赘述。

2.4.3　收文程序

收文，从公文的方向上来说，是从外向内的，即机关文书部门收进外单位发来的公文及相关材料。公文的收文程序是公文到达文书部门后的整个运转过程，以及阅办完毕后的处置过程。而这一过程中相互衔接的环节构成了公文的收文办理程序。

公文的收文办理程序，可分为四个阶段，下面分别进行介绍。

1. 公文的收受阶段

在公文的收受阶段，其主要任务是正确收受外单位发来的公文。它主要包括三个环节，具体内容如下。

1) 公文签收

签收，顾名思义，即签字收文。这是一个以签字或盖章形式来表明已收到相关公文并发给授文方以凭证的公文收文环节。在这一过程中，有"签"和"收"两个程序，具体内容如图 2-30 所示。

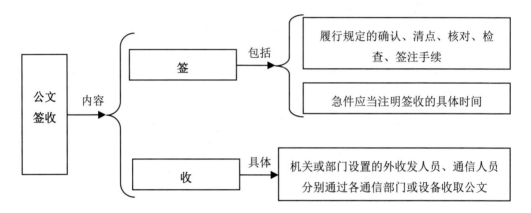

图 2-30 公文签收的内容介绍

2) 公文启封

虽然这不是法定的收文办理程序，却是收文过程中必须要实行的。公文在发文前是做了封装处理的，因此，在收文时有必要启封。然而，启封也不是随意进行的，它也有一定的要求和程序。具体说来，公文收文的启封有以下两种途径：

- 办文人员签收后，统一启封；
- 径送有关领导者亲启。

3) 收文登记

为了方便日常查考，公文收文也应该进行登记，且其登记信息比发文登记更具体，登记事项也更多。图 2-31 所示为收文登记应该填写清楚的事项。

对所签收的公文，根据公文的特征和办理情况，应分类进行登记：

- 不需要进行回复或办理的公文就进行阅件登记；
- 需要回复或办理的文件的公文就进行办件登记。

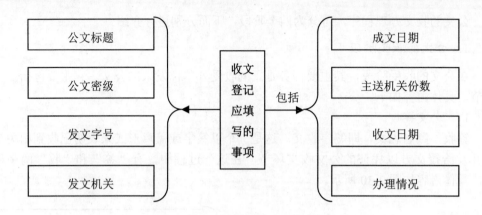

图 2-31 收文登记应填写的事项

当然，根据收受文件来源的不同，还可分为外收文登记和内收文登记。

2. 公文的初审和承办阶段

收文的初审，就是对收到的公文进行审核，主要内容如图 2-32 所示。

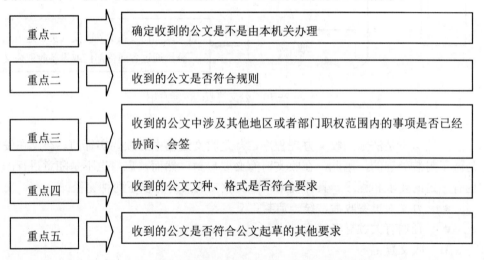

图 2-32 收文的办理阶段主要环节及内容介绍

假如收到的公文不符合图 2-32 中的要求，就应该在说明理由的情况下退回发文单位进行处理。

而在承办环节上，对于需要办理的公文可以根据具体情况采取相应的办法来解决，具体内容如下。

- 属承办部门职权范围内：这类事项应该由承办部门直接答复呈文机关；
- 涉及其他部门业务范围：这类事项应该与涉及的部门进行协商办理；

- 须报请上级审批：应该提出处理意见或代拟文稿，并报请上级审批。

3. 公文的传阅、催办与答复阶段

在这一阶段，着重的是公文的办理阶段的后续工作，是对上一阶段的补充和完善，具体内容如下。

1) 公文的传阅

传阅，即"轮流阅读"。对于机关公文而言，其传阅指的是公文处理机构根据领导人批示或者授权将公文送有关领导人阅知或者指示的过程。关于公文的传阅，具体要求和方法如图2-33所示。

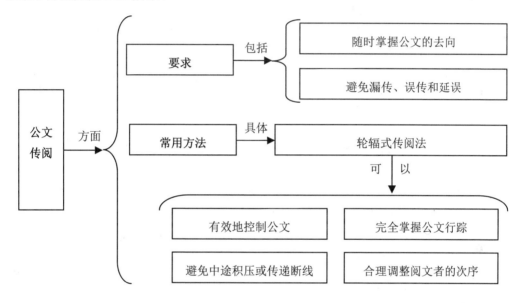

图 2-33　公文传阅的要求和常用方法介绍

2) 公文的催办

公文的催办就是对公文的承办情况进行督促检查。在公文的收文办理的各个环节，都有着催办的存在，特别是对一些紧急或重要的公文，应该及时履行这一程序，即使是对一般的公文，也应该定期进行催办并定期反馈公文办理情况。

3) 答复

当结束收文的办理时，收文单位应该把办理结果及时反馈给发文单位，并根据收文内容的需要把相关内容告知有关单位。这样才算完成了收文程序。

4. 收文的办毕阶段

收文的办毕阶段是指收文的整理、归档，从实质上来说，它不是收文办理程序的环节。但为了阐述方便，在此作为收文办毕阶段来进行介绍。

收文办毕阶段与发文办毕阶段相比,不同的是,收文办毕阶段还包括公文清退环节。"清退",即经过清理办毕的收文按期归还原发文机关或由其指定的有关单位。它在收文程序和公文办理中有着非常重要的意义,具体如图 2-34 所示。

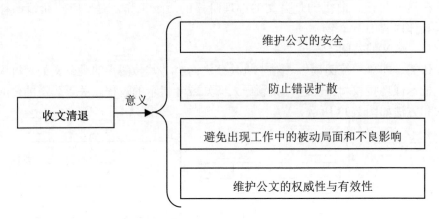

图 2-34　收文清退的意义介绍

2.5　立卷工作

公文立卷从其本质上来说,它是机关文书部门对公文进行整理和保存的一种方法;从其在机关部门的地位来说,它是机关公文处理工作的重要内容。有着如此重要意义和地位的公文立卷工作,其具体含义是什么,又有着怎样的组织流程和工作原则,且在公文立卷之前应该做一些准备工作?这些问题将在下面给予解答。

2.5.1　具体含义

总的来说,无论是公文的发文还是收文,在公文办毕之后要做的工作就是把已经办毕的且具有一定查考利用价值的公文,按照一定的联系和规律编立成案卷,这也就是公文的立卷。

在了解了公文的立卷时,读者还有必要了解"案卷"的概念。

案卷,简而言之,就是一个具有密切联系的文件材料的组合体,当然,这一组合体的个体之间有着相互联系,它们主要围绕对某一问题或工作而展开。对整个公文的写作与运用过程而言,它是文书档案的基本保管单位,是公文立卷的成果。

2.5.2　组织工作

公文立卷工作的组织,包括多个环节和需要解决的多个问题,这些问题主要表现在以下几个方面,如图 2-35 所示。

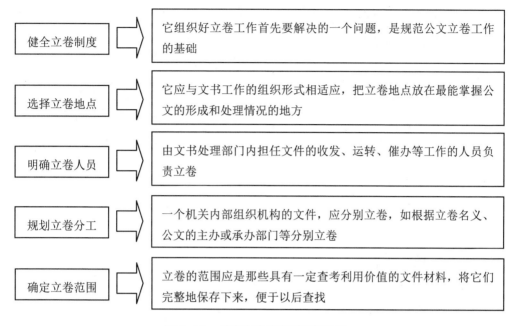

图 2-35 公文立卷的组织工作分析

2.5.3 要求与方法

在公文的立卷过程中,其工作的进行需要遵循一定的原则。从公文立卷的原则出发,公文立卷工作需要在三个方面达到其基本要求,涉及公文本身、公文价值和公文处理等方面,具体内容如图 2-36 所示。

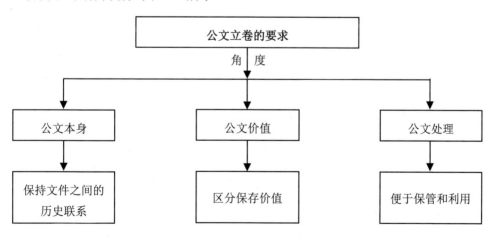

图 2-36 公文立卷三个方面的要求

基于公文立卷的要求和公文特征分类，公文立卷工作形成了它独有的工作基本方法，具体内容如下。

- 必须遵循公文立卷的原则和基本要求；
- 科学地选用公文特征作为立卷标准；
- 把公文进行系统组合，编立成案卷。

公文立卷基本方法是以科学选用公文特征为核心的，这也是公文立卷的标准所在，且根据公文特征组合案卷是公文立卷的主要方法。其中，作为公文立卷基本特征的是公文的要素，如图 2-37 所示。

图 2-37　可选用的公文基本特征

2.5.4　准备工作

在进行公文立卷的具体工作之前，除了要了解其具体含义、组织工作和要求与方法外，还应该做一些准备工作，具体包括两个方面的内容，下面分别进行介绍。

1. 立卷类目的编制

编制立卷类目是进行公文立卷工作的基础，只有把公文的立卷类目编制好，才能保证立卷工作的有序、高效完成。关于公文的立卷类目，具体介绍如图 2-38 所示。

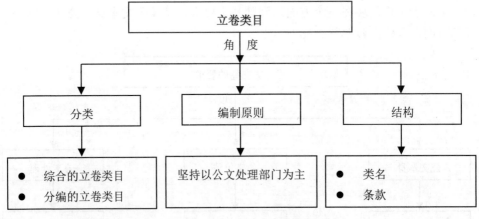

图 2-38　公文的立卷类目介绍

2. 平时立卷工作

当然，想要做好公文立卷的准备工作，仅仅编制好立卷类目是不够的，还应该注意在平时做好立卷工作。也就是说，公文立卷人员应该在编制好的立卷类目基础上，随时把办毕的公文进行案卷整理和按照类目归入卷内。

2.6 整理与归档

完成了公文的立卷工作后,接下来就要按照案卷对公文进行组合和归档。在这一工作环节中,工作人员应该特别细心、谨慎,以免档案错乱,为以后的查考带来不便。

2.6.1 组卷过程

公文的组卷是其整理和归档的重要环节,是进行后续归档工作的前提和基础。"组卷",即"案卷的组合",是文书部门在年终或次年上半年对案卷的各条款内的公文进行组合的一系列工作。它包括以下四个环节。

1. 调整并组合案卷

这是一项非常系统而全面的工作,它要求在平时立卷的基础上对各条款内的公文进行调整,并最终让案卷组合完成的一项工作。

2. 排列并固定编号

这主要是针对有一定联系的各案卷内的公文而言的。把有联系的各个公文进行系统化排列,使得公文与公文之间具有条理性,并让它们联系明朗化,然后再利用阿拉伯数字进行编号,使它们之间的顺序比较固定。这一系列的排列和编号工作也是公文组卷过程的重要环节。

3. 拟写案卷标题

标题,一般说来,是对内容的概括和总结。位于案卷封面上的标题也是如此。拟写案卷标题是以后进行档案编制工作的主要依据,因此,必须在一些问题上加以注意,如图 2-39 所示。

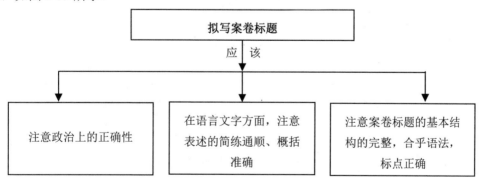

图 2-39 拟写案卷标题要注意的问题

4. 编目并组合成卷

这是对卷内公文进行编目和装订，并按编号装订成卷的工作环节，它是公文立卷工作基本完成的标志。

其中，编目是进行检索的基础性工作，主要包括填写卷内公文目录、备考表和案卷封皮等。另外，在装订方面，案卷的基本要求是整齐、牢固，且不能影响人们正常的查考阅读。

2.6.2 移交归档

公文在组卷完成以后，就进入移交归档环节了。关于公文的移交归档，具体指已经编立好的案卷，必须按照归档制度逐年移交给机关档案部门集中保管。

那么，移交归档所依据的归档制度究竟是什么呢？具体说来，归档制度主要包括三个方面的内容，如图 2-40 所示。

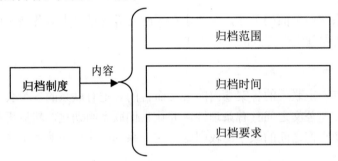

图 2-40 公文归档制度的内容介绍

遵循归档制度的公文立卷工作的完成，是整个公文处理工作的终结，是公文写作与运用流程的依据和凭证，有着非常重要的意义，具体表现如图 2-41 所示。

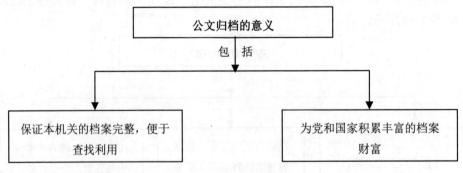

图 2-41 公文案卷归档的意义介绍

第 3 章

书写要点：一般范式的主要元素

学前提示

在公文的写作中，有众多需要注意、掌握的书写要点和格式要素，这些是进行公文写作的基础，也是顺利成文的关键。

本章将从一般步骤、结构要素、写作原则等方面具体介绍公文写作的一般范式。

要点展示

- ➢ 一般步骤
- ➢ 主体
- ➢ 页码和表格
- ➢ 写作要求
- ➢ 版头
- ➢ 版记
- ➢ 写作原则
- ➢ 注意事项

3.1 一般步骤

公文的写作，并不是一蹴而就的，也不是没有目的地胡编乱造，它的成文是需要按照一定的写作步骤来进行的，如图 3-1 所示。

图 3-1 公文写作的一般步骤

只有按照图 3-1 中的写作步骤，一步步认真、踏实地写出来的公文，才有可能称之为一篇好的公文。

3.1.1 明确主旨

公文，是为了办理公务而存在的，是实际工作需要的产物。因此，在写作公文之前，首先应该明白为什么要写公文以及将要写的公文的中心内容是什么，也就是发文的主题与目的，它包括四个方面的内容，具体如下：

1. 内容安排

一篇公文，总有一个需要表达的主题，且要求全篇都围绕这一中心主题而展开。那么，在写作前，作者就应该明白两个问题，即这篇公文要表达的中心思想是什么，全文应该怎样安排才能更好地表达这一中心思想。

在此就以一篇关于相关工作改善的公文为例。它的中心内容就是详细、清晰地介绍目前的情况和存在的问题，以及这些问题的解决办法，只有把这一中心内容具体表现出来，才能构筑这一类公文的内容和思想基础。

2. 文种选择

在文种方面，内容不同，选择什么样的文种最合适也是一个关键问题。特别是对一些具有共性的文种，如报告和简报、指示与通知等。

就如报告和简报而言，当作者汇报工作情况时，假如要求对工作情况有一个详细、深层次的介绍，就应该写一篇有关于工作汇报的专题报告；假如仅仅是需要简单介绍一下工作的概况，就可以选择相对简短的简报。

可见，即使是针对同一中心内容，所选择内容的介绍方式和层次不同，那么所选择的文种也会不同。文种与公文内容之间，是有着非常紧密联系的，要求所选择的文种应该与内容相符。

3. 发送限定

根据公文内容的不同，在发送公文时也应该注意发送范围和阅读对象的限定，这是公文的机密程度和行文方向与方式两个要素影响的结果。

如公文的机密程度，在确定公文主旨的过程中，作者应该明确其发送的具体目标：假如是绝密公文，就应该明确其有限的发送范围和阅读对象，做好保密工作；假如是需要广而告之的公文，就应该明确其最大程度能发送的范围和最大量的阅读对象。

4. 要求明确

当收文方收到公文时，要明白这一份公文是什么性质的文件，要给予怎样的处理方式，因此，在写作公文之前，应对发文的要求有一个明确的界定。特别是对办件而言，更应该明确发文时应该要求收文方怎样回复和处理，只有这样，才能保证公文的有效性和有序实施。

3.1.2 收集资料

公文的内容组成并不是"无源之水""无本之木"，当然也不是胡编乱造的文字组合，它是建立在一定的写作背景和现实情况基础之上的。这也是公文处理实际问题这一本质特征的要求。因此，在明确了公文主旨的情况下，就应该收集与其主旨相关的材料。

当然，并不是所有种类的公文都需要进行资料的收集，它应该根据具体情况而定。假如要拟写的就是一份简短的通知，就不需要进行专门的资料收集就可以撰写了。但是当通知的内容需要考虑外在因素，应该对一些具体事项和外在因素进行了解，如通知内容与天气有着很大关系的情况下，就应该对未来的天气情况进行了解，以免到时出现临时变更。

关于材料的收集，对公文写作而言，其实是一个酝酿发酵和系统认识的过程，如图3-2所示。

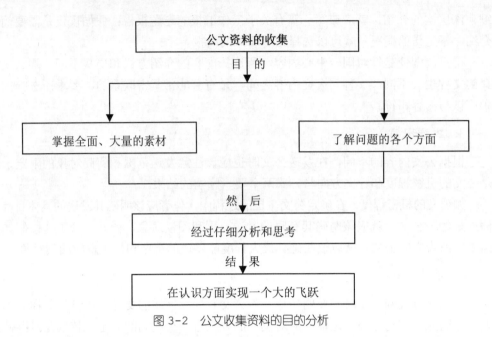

图 3-2　公文收集资料的目的分析

3.1.3　拟写提纲

既然已经对公文内容涉及的材料进行了收集并有了一个系统、全面的认识,那么接下来就应该使从资料中提炼出来的要点在公文中有一个全面的体现,此时拟写提纲是非常必要且有效的,这是避免要点遗漏的最好方法。

"提纲",即文章、讲话的内容要点,而拟写提纲,就是根据所要拟写的公文要点把框架构造出来。这就如同一本书的撰写,在选题确定的基础上,首先应该做好目录,以便对全书内容做出安排。可见,公文的提纲就是"目录"的一个缩影,是一个"小"的目录。

尽管提纲是草拟出的公文要点,但它也是有详略之分的。在提纲详略的安排上,主要可从三个方面考虑,如图 3-3 所示。

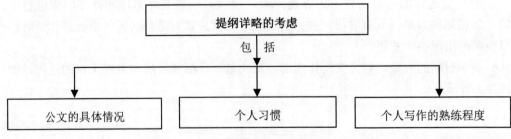

图 3-3　公文中提纲拟写的详略要考虑的因素

从实质上来说，提纲的拟写是公文的构思过程，一些系统性的公文需要集思广益，因此，在拟写提纲时，应该召集相关人员进行讨论研究，以便确定公文的基本观点，并在听取大家意见的情况下逐步完善，从而拟写出更全面、精当的公文提纲。

尤其是对一些需要多人分工合写的公文，提纲的拟写更需要共同研究，以免当公文撰写完成后，才发现内容存在逻辑结构上的缺陷，如图 3-4 所示。

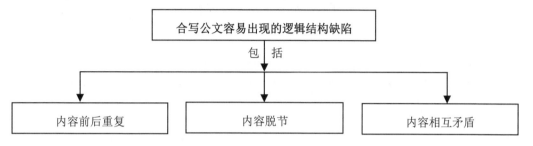

图 3-4　合写公文容易出现的内容逻辑结构方面的缺陷

3.1.4　起草成文

一篇文章的框架确定之后，就应该把通过收集材料得出的认识按照拟写的提纲编撰成文。此时，公文的拟写要注意两个方面，才能顺利地写好一篇公文，具体内容如图 3-5 所示。

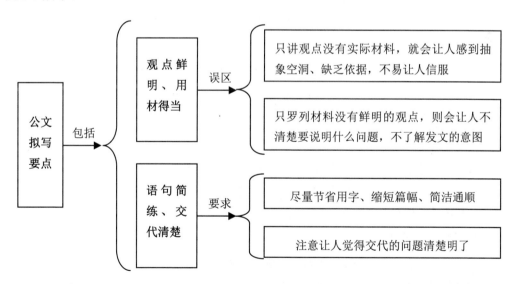

图 3-5　公文拟写要点分析

3.1.5 修改完善

一篇文章想要写好，并确定其正确性，是需要反复修改的。公文也是如此，且在很多方面有着更严格的要求，因此，公文的修改完善工作是公文拟写过程中的重中之重，不容忽视。

具体说来，公文的修改和完善应从以下四个方面着手。

1. 观点更准确

公文的主旨思想是文章的核心，只有在观点准确的情况下，才能从根本上保证公文的质量，从而奠定公文顺利成文的基础。从这一方面来说，公文的修改和完善主要应该考虑三个问题，如图 3-6 所示。

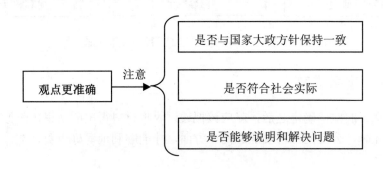

图 3-6　公文观点更准确应该注意的问题

2. 布局更合理

在布局上，公文的修改与完善主要应该考虑的问题就是公文的篇章布局是否主次分明、详略得当。只有确保文章布局的合理性和科学性，才能让读者更清楚和更容易理解公文的内容和观点。

3. 语言更恰当

在语言方面，公文的语言要求恰当，即要求拟写者在修改和完善的过程中仔细斟酌，力求用最恰当的语言准确表情达意。对这一要求，公文的修改和完善要坚持三个原则，如图 3-7 所示。

4. 材料更精当

作为服务于观点的材料，必须符合观点的统帅，因此，公文材料的使用必须围绕观点来进行推敲和增减，具体内容如下。

- 材料能否很好地说明问题；
- 材料能否切实突出公文主旨；

- 是否做到了材料与观点相统一。

基于上述三个要求，公文材料的增减也是要基于一定的原则来进行的，即：
- 切忌随意凑合，要仔细考虑；
- 该补充的地方一定及时补充；
- 没有十足把握的材料须删除。

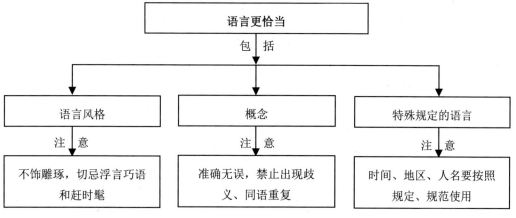

图 3-7　公文语言更恰当要注意的问题

3.2　版头

关于公文的组成，一般来说，可分为三个部分，即版头、主体和版记。其中，版头部分位于公文的首页上方，约占首页 1/3 的篇幅。在版头与主体之间，以一条红色反线隔开，如图 3-8 所示。

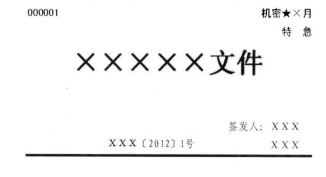

图 3-8　公文语言更恰当要注意的问题

本节将重点介绍版头的组成要素，以及各要素的具体内容，以帮助读者更好地了解公文。

3.2.1 份数序号

"份数序号",即公文总印刷份数中某份公文的顺序编号。这里的公文,指的是同一内容和形式的文件。关于公文的份数序号,具体内容如表3-1所示。

表3-1 公文的份数序号

主要方面	具体内容
位置	(1)版心左上角第1行; (2)顶格书写
组成	一般由6位阿拉伯数字组成,如000005,表示的是此份文件是该公文总印数中的第5份,且数字字体为3号
运用	一般不印份数序号,但有密级的公文一定要印份数序号
作用	(1)便于有密级公文的查对和清退; (2)便于普发性下行文有控制地分发

3.2.2 保密设置

公文按照其机密程度的不同,可分为绝密、机密和秘密三级,这在涉密公文的版头上是有明确标注的。关于涉密公文的保密设置,具体内容如表3-2所示。

表3-2 公文的保密设置

主要方面	具体内容
位置	(1)版心右上角第1行; (2)顶格书写
组成	包括秘密等级和保密期限
格式和要求	(1)秘密等级两字之间空1字,有保密期限时则不空,即"机—密"和"机密×月",其中"—"表示1个字空; (2)保密等级与保密期限均用3号黑体字; (3)没有保密期限的,应按照国家保密期限规定上限处理

专家提醒

2012年4月16日,中央办公厅、国务院办公厅印发《党政机关公文处理工作条例》(简称新《条例》),自2012年7月1日起施行。该条例取代了1996年中共中央办公厅印发的《中国共产党机关公文处理条例》。

其中,新《条例》相对旧《条例》来说做了一些改动,有了显著区别,比如:秘密等级和保密期限、紧急程度设置的位置,签发人的标注方式等,都有了新的要求。

3.2.3 急度设置

紧急公文根据其紧急程度,一般可分为"特急"和"加急",与保密设置一样,公文的紧急程度(简称急度)设置也在眉首中有标注。关于公文的急度设置,具体内容如表3-3所示。

表3-3 公文的急度设置

主要方面	具体内容
位置	(1)位于保密设置下方; (2)顶格书写(即与保密设置右对齐)
格式	(1)"特急""加急"两字之间空1字; (2)字体为3号黑体
作用	使受文机关明确公文处理的时间要求

3.2.4 发文机关标志

在发文机关标志中,一般包括发文机关名称、事由和文种,其中,新《条例》对发文机关标志中的"发文机关名称"做了新规定,要求其为必要项。"发文机关标志",是对发文机关公文的固定称呼。关于发文机关标志,具体内容如表3-4所示。

表3-4 发文机关标志

主要方面	具体内容
位置	位于版头正中
组成及格式	(1)发文机关全称或者规范化后的简称,后加"文件"二字,如"国家发改委文件"; (2)使用发文机关全称或者规范化简称; (3)联合行文时,发文机关标志可以并用联合发文机关的名称,也可以单独用主办机关名称; (4)联合行文且并用联合发文机关时,"文件"二字置于发文机关名称右侧,上下居中排列
作用	强调公文作者的归属和权威性,表明公文性质及其重要性

3.2.5 发文字号

在此,"字号"并不是指字体大小,而是"代字"和"顺序号"的合称。发文字号是发文机关按年度为公文编排的顺序号。关于发文字号,具体内容如表3-5所示。

表3-5 发文字号

主要方面	具体内容
位置	(1)在发文机关标识下空2行处,居中排布; (2)与最后一个签发人姓名处在同1行
组成	包括"机关代字+年份+发文顺序号"3部分: (1)机关代字由一定范围内的领导机关对自己的直属机关、单位的代字统一编定,字数一般不超过3字; (2)年份用阿拉伯数字完整书写,用六角括号"〔 〕"括入; (3)序号不编虚位,即5不编为05、005等,不加"第"字,阿拉伯数字后加"号"字
格式	3号仿宋体字标注
要求	联合行文的发文字号只标明主办机关的发文字号
作用	(1)收发文件一般都要登记发文字号; (2)为检索和引用该文件提供代号,便于公文处理和查找

3.2.6 签发人

"签发人",即批准发出公文的机关领导人。通过是否标注签发人,可以判断公文的行文方向。关于签发人,具体内容如表3-6所示。

表3-6 签发人

主要方面	具体内容
位置	(1)发文机关标志下空两行处; (2)居右空一字编排
要求	(1)上行文必须标注签发人姓名; (2)签发的只能是职权范围内的公文,不得越级签发

续表

主要方面	具体内容
格式	(1)联合行文时，每行一般排列两个签发人姓名，两个姓名之间空1字，回行时，与上一行第一个签发人姓名对齐； (2)"签发人"三字用3号仿宋体标识，后标全角冒号； (3)签发人姓名用3号楷体字标识

3.3 主体

公文主体是公文的主要部分，它构成了公文的基本内容，主要由七个要素组成，下面分别进行介绍。

3.3.1 标题要素

在公文正文中，标题是对公文中心主旨的概括说明，也是揭示公文行文目的的要素。通过标题，可以清楚地知道公文的主要内容。关于公文的标题，具体内容如表3-7所示。

表3-7 公文标题要素

主要方面	具体内容
位置	位于版头与正文分割线的下空两行处
组成	一般由发文机关名称、事由和文种组成
格式	(1)2号小标宋体字； (2)标题分一行或多行居中排列； (3)回行时，要做到词意完整，排列对称，长短适宜，间距恰当； (4)标题排列应当使用梯形或菱形

3.3.2 主送机关

主送机关，即公文的主要受理机关，并不是所有的公文都有特定的主送机关。一些面向社会公众的公文是没有特定的主送机关的，如公告、通告等。关于公文的主送机关，具体内容如表3-8所示。

表 3-8 主送机关

主要方面	具体内容
位置	(1)位于标题下空一行处； (2)居左，顶格书写
标点	(1)同类型机关内的同级别机关之间用"、"(全角顿号)分隔； (2)不同类型机关之间用逗号","(全角逗号)隔开； (3)最后一个机关名称后标"："(全角冒号)
排版要求	(1)一行写不完时，回行仍顶格书写； (2)过多导致公文正文不能显示在公文首页时，应将主送机关名称移至版记中，置于抄送机关上一行，两者之间不加分割线

3.3.3 正文结构

在公文的拟写中，最重要的要素是公文的正文，它是公文的主体，是呈现公文具体内容和发文意图的部分。关于公文正文的格式，如表3-9所示。

表 3-9 公文正文

主要方面	具体内容
公文首页	必须显示正文
位置	位于主送机关的下一行
排版格式	(1)3号仿宋体字； (2)每个自然段前空二字，回行顶格
结构层次	层次序数可用"一、""(一)""1.""(1)"标注： (1)一般第一层("一、")用黑体字； (2)第二层("(一)")用楷体字； (3)第三层("1.")和第四层("(1)")用仿宋体字

3.3.4 附件说明

当公文文件中需用到附件时，需要正文部分之后对相关附件做出说明，以便读者了解和查考。关于公文的附件说明，具体内容如表3-10所示。

表 3-10 附件说明

主要方面	具体内容
组成	公文附件的顺序号+名称
位置	(1)"附件"二字居正文下空一行处，居左空二字编排； (2)"附件"二字后标"："(全角冒号)和附件名称； (3)有多个附件则在全角冒号后使用阿拉伯数字标注附件的顺序号，如"附件：5.××××"
格式	(1)假如附件名称较长需回行，应与上一行附件名称的首字对齐； (2)附件名称后不加标点； (3)要保持正文、附件说明和附件这三处的标注内容前后相符

3.3.5 公文落款

在公文中，其落款一般包括发文机关署名、成文日期和印章三个要素。其中，成文日期是对公文成文时间的标注和说明，在这一要素上，公文在标注上做出了以下要求：

- 年、月、日齐全，不能漏掉其中任何一项；
- 表示年、月、日的数字应采用阿拉伯数字；
- 年份应标全称，月、日不编虚位(如 5 不为 05)

专家提醒

当公文排版后余下的空白处不足以容下印章或签发人签名章、成文日期时，公文拟写者可以采用调整行距、字距的方法解决。

另外，印章有无的情况不同，其格式要求也不尽相同，因此，根据公文印章情况可将其分为三类，下面将一一介绍。

1. 不加盖印章

这一类公文，其落款只有发文机关署名和成文日期两个要素，在格式上有特定要求，具体内容如表 3-11 所示。

2. 加盖印章

这一类公文是公文落款的普遍形式，公文落款三要素是全部包含在内的。其中，说明成文时间的成文日期要素一般是居右空四字排布，而在印章的选用上一般是用红色，且不得出现空白的印章。

表 3-11　不加盖印章的公文

分　类	具体内容
单一机关行文	(1)在公文正文(或附件说明)下空一行处,右空二字排布发文机关署名; (2)在发文机关署名下一行排布成文日期,其首字比发文机关署名首字右移二字; (3)当成文日期长于发文机关署名时,应使成文日期右空二字编排,并增加发文机关署名右空字数
联合行文	在排布发文机关署名时,应先编排主办机关的署名,然后再一次向下编排其余发文机关署名

加盖印章的公文,在落款三要素的排布上与不加盖印章的公文有着区别。如表 3-12 所示为加盖印章的排版位置以及相对位置介绍。

表 3-12　加盖印章的公文

分　类	具体内容
单一机关行文	(1)发文机关署名一般位于成文日期之上,并以成文日期为准居中排布; (2)印章要端正,且使发文机关署名和成文日期居于印章中心偏下位置; (3)印章顶端应当上距正文(或附件说明)一行之内
联合行文	(1)一般将各发文机关署名按照发文机关顺序整齐排列在相应位置; (2)将印章一一对应、端正、居中下压发文机关署名; (3)最后一个印章端正、居中下压发文机关署名和成文日期; (4)印章之间排列整齐、互不相交或相切; (5)每排印章两端不得超出版心; (6)首排印章顶端应当上距正文(或附件说明)一行之内

3. 加盖签发人签名章

这一类公文与加盖印章的公文类似,其印章也是红色的,不同之处在于这里的印章指的是签发人签名章。加盖签发人签名章类公文的排版位置和格式,如表3-13所示。

表 3-13　加盖签发人签名章的公文

分　类	具体内容
单一机关行文	(1)在正文(或附件说明)下空二行右空四字加盖签发人签名章; (2)签名章左空二字标注签发人职务; (3)以签名章为准上下居中排布; (4)在签名章下空一行右空四字编排成文日期

续表

分类	具体内容
联合行文	(1)每行只编排一个机关的签发人职务、签名章; (2)首先排布的是排主办机关签发人的职务、签名章; (3)然后再依次向下编排其他机关签发人的职务和签名章,且与主办机关签发人职务、签名章上下对齐; (4)签发人职务应当标注全称

3.3.6 附注

"附注",即公文在印发传达范围内对需要标注的事项做出说明的要素。关于附注的了解,应该注意两个方面,如表3-14所示。

表3-14 公文附注

主要方面	具体内容
位置	(1)位于成文日期下一行; (2)居左空二字编排
要求	(1)附注内容加圆括号; (2)回行时顶格
特例	(1)"请示"类公文应在附注处注明联系人的姓名和电话; (2)联系人一般是发文机关经办处负责人

3.3.7 附件

在正文中有附件的标注内容,在正文后也有附件说明的标注内容,那么,这些内容的来源文件是什么呢?基于这一问题,公文一般在附注后还应该排布附件这一要素。

附件,即对公文正文进行说明、补充或作为参考的资料。在了解了公文主体其他要素的格式要求的基础上介绍关于公文附件的格式要求,具体内容如表3-15所示。

表3-15 公文附件

主要方面	具体内容
位置	(1)另面编排; (2)位于版记之前

续表

主要方面	具体内容
装订要求	(1)一般情况下，需与公文正文一起装订； (2)不能与正文一起装订时，应在附件左上角第一行顶格编排公文的发文字号并在其后标注"附件"二字及附件顺序号
格式要求	(1)"附件"二字及附件顺序号用3号黑体字，并顶格书写在版心左上角第1行； (2)附件标题居中排布，并书写在版心第3行； (3)附件格式要求与正文相同
内容要求	附件顺序号和附件标题应当与附件说明的表述一致

3.4 版记

在公文中，版记，是一个处于两条分隔线(即首条分隔线和末条分隔线)之间的区域，一般包括三个要素，如图3-9所示。

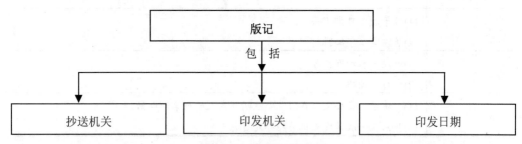

图 3-9　公文版记的要素

而把版记区隔开的分隔线在宽度上是与版心等同的，其在高度和位置方面的要求如表3-16所示。

表 3-16　公文版记分隔线

主要方面	具体内容
高度	(1)首条分隔线与末条分隔线用粗线(推荐高度为0.35mm)； (2)中间的分隔线用细线(推荐高度为0.25mm)
位置	(1)首条分隔线居于版记第一个要素之上； (2)末条分隔线与公文最后一面的版心下边缘重合

3.4.1 抄送机关

抄送机关是相对于主送机关而言的，它是指除主送机关外需要在执行或知晓公文内容方面有必要送达的机关。在进行抄送机关的罗列时，可以采用三种方式来称呼，如图3-10所示。

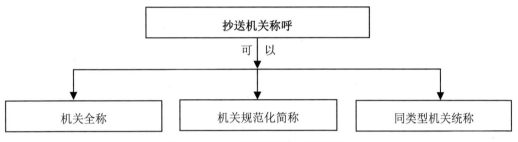

图3-10 公文的抄送机关称呼方式

当然，并不是所有的公文都有抄送机关的。然而，当公文有抄送机关时，公文拟写者应该注意其特定的格式要求，具体内容如表3-17所示。

表3-17 公文抄送机关

主要方面	具体内容
位置	(1)位于印发机关与印发日期上一行； (2)版心左右各空一字
格式	(1)4号仿宋体字； (2)"抄送"二字后加全角冒号和抄送机关名称，回行与冒号后的第1个字对齐； (3)最后一个抄送机关名称后加句号； (4)版记部分既有主送机关又有抄送机关的，应将主送机关置于抄送机关上一行，两者之间不加分隔线

3.4.2 印发标识

印发标识，即公文的印发机关和印发日期要素，是对公文的印发做出说明的要素。《党政机关公文格式》对这一部分的格式做出了规定，具体内容可用表3-18来呈现。

表 3-18　公文的印发机关和印发日期

主要方面	具体内容
位置	(1)位于末条分隔线之上； (2)印发机关居左空一字； (3)印发日期居右空一字
格式	(1)4号仿宋体字； (2)用阿拉伯数字将年、月、日标全，年份应用全称，月、日不编虚位，后加"印发"二字
注意	当版记中有其他要素时，应将其与印发机关和印发日期用一条细分隔线隔开

3.5　页码和表格

页码和表格也是公文中的重要因素，为了公文的规范化拟写和应用，也应该对其格式做出要求。本节将简单介绍公文页码和横排表格的格式要求。

3.5.1　页码

页码即表示公文页数的顺序号，它能清晰呈现公文的前后顺序，能让公文不发生错乱。《党政机关公文格式》对页码格式作出了明确规定，如表3-19所示。

表 3-19　公文的页码

主要方面	具体内容
位置	(1)位于公文版心下边缘之下； (2)表示页码的数字左右各有一条一字线，一字线上距版心下边缘7mm； (3)页码为单页时居右空一字，为双时居左空一字
格式	(1)4号、半角、宋体阿拉伯数字； (2)公文版记前有空白页的，空白页与版记均不编排页码； (3)公文的附件与正文一起装订时，页码应连续编排

3.5.2　横排表格

表格，可分为横排表格和竖排表格。当表格的横向内容超过规格纸张的横向版心尺寸时，就需要变竖排表格为横排表格。如图 3-11 所示为横排表格。此时，公文的页码位置与其他页码一样。

附件

信息联络员报送表

填表单位

联络员	姓名	职务	办公电话	手机	备注
分管领导					
联络员					

图 3-11　横排表格

在创建横排表格式时，公文拟写者应该注意其表头的位置，具体如下。

- 单页码：表头在订口，且表中的字头朝向订口(朝左)；
- 双页码：表头在切口，且表中的字头朝向切口(朝左)。

3.6　写作原则

在社会生活中，无论是说话还是做事都要遵循一定的准则，公文写作也是如此。而任何一篇文章，要想达到准确无误的要求，是需要在 3 个方面加以注意的，即内容、文字和体式，文章只有确保在这 3 个方面的正确性，才能算得上是一篇成功的文章。

对公文而言，其应用领域和范围的特殊性更是对其写作原则作了规定，本节将针对这一问题进行具体介绍。

3.6.1　内容区域的“三查三改”

内容，无疑是公文需要进行查改的重要区域，因此，在公文的内容上，需要从立意、措施政策和材料方面坚持“三查三改”原则，具体内容如表 3-20 所示。

表 3-20　公文内容的"三查三改"原则

主要方面		具体内容
立意	查	(1)是否明确； (2)是否完整； (3)是否突出
	改	(1)观点错误之处； (2)浮泛空洞之处； (3)文不切题之处； (4)含混冗杂之处； (5)不合逻辑之处
措施政策	查	(1)措施、规定、办法、意见是否符合国家的现行政策和法律法规等； (2)措施、规定、办法、意见是否切实可行，即在现实环境和条件下的可行性
	改	(1)与国家的现行政策和法律法规等相矛盾、有抵触之处； (2)不讲求实效的纯粹是官话、套话、大话、空话和不力之处
材料	查	(1)是否具体； (2)是否真实； (3)是否典型
	改	(1)一般化之处； (2)概念化之处； (3)不实之处

3.6.2　语言文字的"三查三改"

　　公文的内容是由语言文字组成的，它能充分体现公文拟写者的语言文字水平，也是一篇公文内容质量好坏的重要体现。一般来说，只有保证语言文字的正确性，才能实现公文在内容表达和结构上保持正确性的目标。从这一方面来说，公文也应该在篇章、行文和文字部分中坚持"三查三改"原则，具体内容如表 3-21 所示。

表 3-21 公文语言的"三查三改"原则

主要方面		具体内容
篇章	查	(1)是否明确; (2)是否紧凑; (3)是否合理
	改	(1)杂乱无章之处; (2)上下脱节之处; (3)主次详略不当之处,等等
行文	查	(1)是否精练; (2)是否合乎语法; (3)是否合乎逻辑
	改	(1)用词不当之处; (2)啰嗦累赘之处; (3)逻辑错误之处
文字	查	是否规范
	改	(1)错别字; (2)生造词语; (3)滥用简称; (4)标点错误; (5)文面款式错误

3.6.3 体式问题"五查五改"

体式主要是指公文的"体裁格式",是区分公文类型的重要标准。对公文而言,任何一种类型都有它独有的特征和标识,必须在一些重要组成元素上保证其准确无误。一般来说,需要查改的体式问题主要表现在 5 个方面,即:

(1) 文种,查看是否满足公文内容和行文方向等,有问题的,应立即订正;
(2) 标题,在内容契合、组成要素和编排要求方面是否存在问题,如有,立即订正;
(3) 主抄送单位:查看是否存在缺漏和在编排上是否存在错误之处,如有,立即订正;
(4) 附件:查看文件是否齐全以及编排的正确性等,如有问题,应立即订正;
(5) 附加标记:在一些附加标记(如印发标识、页码等)上也应该注意其正确性,如有问题,应立即订正。

3.7 写作要求

尽管不同类型的公文在对象、目的和条件方面存在写作方面的差别，然而它们同为公文，有着共通性，在进行具体写作时应该遵循一些共同的要求，如图3-12所示。

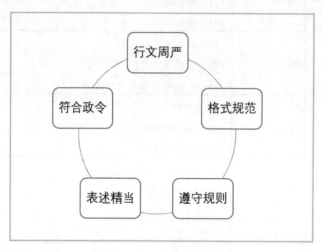

图 3-12　公文的写作要求

只有在公文写作的过程中，时刻遵循和牢记这五点要求，才能保证完成的公文符合要求，才能成为一篇优秀的公文。

3.7.1　符合政令，切实可行

公文是处理公务的文书，而一切公务活动——特别是党政机关的公务活动——是建立在对党和国家路线、方针、政策的贯彻和执行上的。因此，从公文本身而言，其鲜明的政治性、政策性特征对此做出了要求——符合一定时期内的党和国家的方针政策和法律法规是写作公文的基本要求。

而由公文而及公文的拟写者，基于符合政令这一要求，公文写作提出了一个基本素质方面的要求，具体内容如图3-13所示。

符合政令和切实可行是基于公文施行的可能性要求的两个要点，其中，符合政令是切实可行的前提和基本特征。而切实可行，除了需要符合政令外，它还应该是符合客观实际的，即数据准确无误，结论切合实际和办法有可行性。

因此，公文拟写者应该在写作时注意两个方面，并从这两个方面出发着手完成公文，具体内容如图3-14所示。

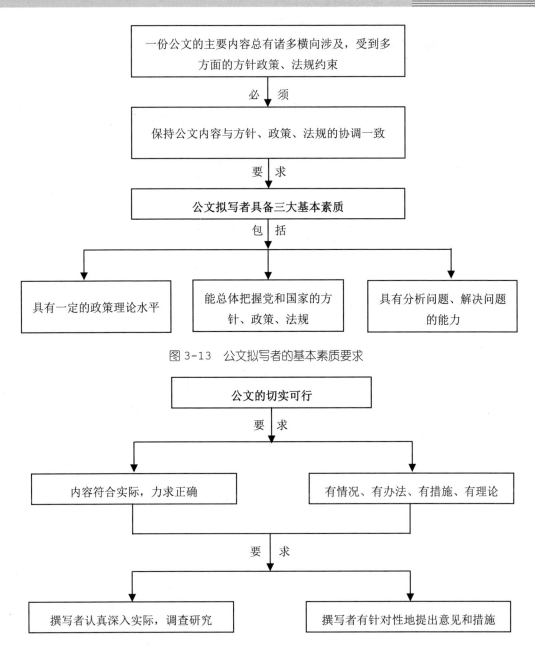

图 3-13 公文拟写者的基本素质要求

图 3-14 公文的切实可行

综上所述,在公文的撰写过程中,首先应该把将要制订的具体政策与实际情况结合起来,在了解相关文件的方针、政策和法规的基础上,再深入了解公文的写作目的,只有这样,才能写就一篇符合政令、切实可行的好公文。

3.7.2 行文周严，一文一事

在公文活动中，公文是其办理事务的文本依据，具有很强的实用性。因此，在撰写公文时，应该保持公文结构和语言方面的周密严谨。

从结构方面来说，行文的周严性主要在于对固定格式的把握，如图3-15所示。

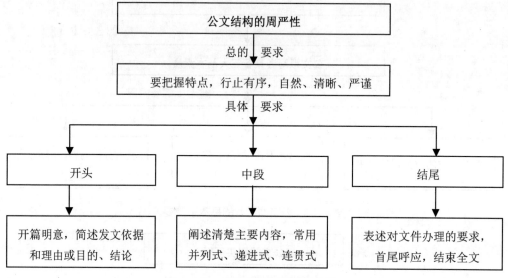

图3-15　公文结构的周严性分析

在语言方面，公文撰写者应该根据具体情况来组织语言，做到无论是在表述内容观点上还是行文语气上都恰如其分。就如内容的表述，要做到恰如其分，就应该在诸多方面有所体现，具体如图3-16所示。

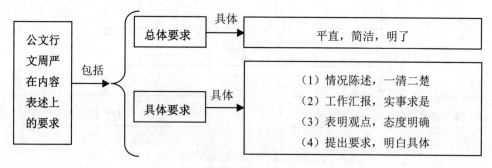

图3-16　公文行文周严在内容表述上的要求

"一文一事"，即在一篇公文中，一般只针对一个问题或意见事情进行叙述，需要对不同的事件进行叙述的，应该分为不同的公文进行撰写。这一要求能有效防止公文行文的错乱，从而提升公文和办文的准确性和及时性。

这一要求并不适用于所有公文，如综合性报告。

3.7.3 语体适用，格式规范

公文作为一种应用在特定场合和有特定效用的文书，是需要严格按照其格式来进行写作的。而就公文而言，主要从两个方面来实现规范化，即语体和格式，下面将进行具体分析。

1. 语体必须适用

从语体上来看，公文合乎规范主要表现在选择最合适的公文种类来针对某一问题或事件撰写公文。也就是说，要求公文在语言、字词和文种的运用上适应公文表达作者意图的写作目的，具体内容如图 3-17 所示。

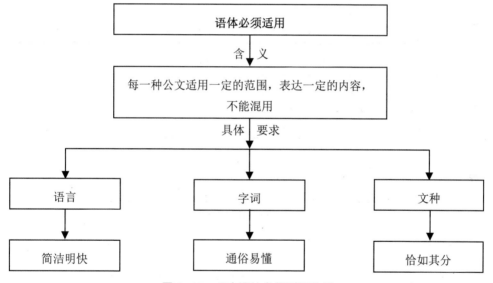

图 3-17 公文语体必须适用分析

2. 格式合乎规范

公文格式合乎规范是公文在处理公务过程中的必然要求，因为只有合乎规范的公文，才能在最大程度上发挥出它特有的效用。试想一下，假如机关单位相互往来之间的公文各行其是，没有一个共同的撰写和办文准则，就很难让人在传递、阅读和办理公文的过程中快速明白和做出相应决策。

因此，公文的格式必须采用国家规定的统一的公文格式，特别是公文各组成部分的格式以及用纸、书写、排版和装订格式，这些都是需要严格按照公文写作标准来进行的。

就公文的组成部分而言，假如缺失了一个组成部分，那就容易让人对该要素存在疑惑，从而导致公文完整性方面的不足，特别是标题、秘密等级、主送机关等重要元素，更是缺一不可。就拿公文的标题来说，假如没有了这一要素，那么阅读者就需要阅读全文才能明白公文所要讲述的内容，增大了阅读和处理公文的难度。

就公文完稿后的各项工作要素而言，假如其中的某一项不符合统一格式要求，那也是很容易造成后续工作困难的。就拿公文用纸来说，不同类型的用纸会使得公文在装订之后参差不齐，不仅影响装订的美观，而且会在公文立卷归档方面增添麻烦。

3.7.4 明确关系，遵守规则

在此，"规则"主要是针对公文行文来说的。从这一角度而言，公文拟写者在动笔之前应该明确公文的行文关系，并遵照公文行文规则来行文。一般来说，可从以下方面来分析，如表 3-22 所示。

表 3-22 公文按照行文规则办文的要求

主要方面	具体要求
行文前	(1)基于行文意图和关系选择适用文种； (2)分清不同方向的行文，做到准确把握； (3)同一行文方向的公文也要确定合适文种
请示	(1)不得越级行文，特殊情况下应抄送上级机关； (2)应该一文一事，一般只写一个主送机关； (3)除直接交办的事项外，不得直接送领导者个人
向下行文	(1)重要下行文应同时抄送直接上级机关； (2)为协商一致的，不得各自向下行文
报告	报告中不得夹带请示事项

3.7.5 表述精当，准确无误

公文在表述上，首先应该根据行文方向的不同要求，这是写好一篇公文的应有之义，具体要求如图 3-18 所示。

公文在表述上的精当，还应该注意其遣词造句的精当，即用尽量少的文字准确无误地表达清楚尽量多的内容，这是写好文章的基本要求，具体要求表现在以下方面：

- 字、词、句要准确通顺；
- 主谓宾等成分必须完整；
- 单句、复句要仔细分清；

- 段落、层次要逻辑分明；
- 文中的标点必须准确无误。

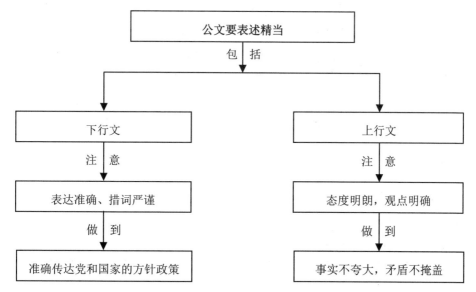

图 3-18　不同行文方向公文的表述精当分析

3.8　注意事项

公文是一种在正式场合运用非常广泛的文书，是不容有差错的，至少不能有大的错误。因此，公文在拟写时需要认真对待。大体说来，可从公文拟写的阶段来分析，即从公文的构思了解阶段和正式起草阶段，分别介绍公文拟写应该注意的事项。

3.8.1　构思了解阶段

在公文的正式起草前，是需要进行完整、清晰构思的。在公文的构思阶段，应该在三个方面加以注意：

一是弄清为什么要写这篇公文，应该写什么，具体来说，就是首先了解领导交代要写这篇公文的意图，即公文的性质、写作目的、任务和适用范围等。

二是对现有的相关文件进行了解，明确其在政策方面的界限。

三是要基于实事求是的精神，具体了解公文写作的实际环境和情况，以便熟练掌握公文写作的业务内容。

3.8.2 正式起草阶段

完成了公文的构思,接下来要做的就是公文的正式起草了。这一阶段的工作也有几个需要注意的问题,具体如表 3-23 所示。

表 3-23 公文正式起草阶段的注意事项

主要方面	注意事项
观点和材料	符合党和国家的方针、政策、法规等,符合上级机关的有关规定
语言	简明扼要
格式	合乎体式,合乎身份
态度	谦虚谨慎,勤勉及时
正确性	人名、地名、数字、引文等要正确

第4章

法定类公文：
把握内涵，表述得当

学前提示

在《党政机关公文处理工作条例》中，规定了15种法定类公文，它们与应用写作有着非常密切的关系，熟练掌握其写作模式和技巧，可以更好、更快地成文。

下面主要介绍10种法定类公文的拟写，希望读者透彻理解，触类旁通，掌握更多公文的写作。

要点展示

- ➤ 决议、决定
- ➤ 公告、通告
- ➤ 通知、通报
- ➤ 意见、报告
- ➤ 请示、批复

4.1 决议

《党政机关公文处理工作条例》相较于《国家行政机关公文处理办法》中规定的公文文种数量而言，它多了两类，"决议"就是其中之一。

一般说来，"决议"文种在适用对象上专门指会议讨论通过的重大决策事项，所有决议的公文事项必须具备两个基本特点：一是重大的事项，二是具有决策性，二者缺一不可。

那么，决议到底是怎样的公文类型，应该怎样进行拟写？下面就将具体介绍决议的基本知识，有利于读者深入了解。

4.1.1 基本常识

一般来说，要想正确地了解其含义，就应该掌握其概念中包含的多个方面的内容，如图4-1所示。

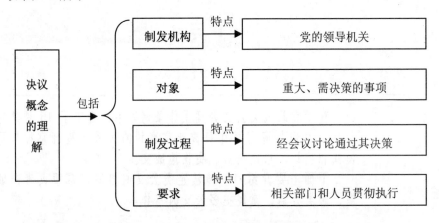

图 4-1 决议概念的理解

由上可知，决议从其产生到执行有着诸多严格要求，这些要求的确定性和决议内容的巨大作用反映在特征上就表现在四个方面，具体内容如下。

(1) 决策性。"决策"，即决定的计策或办法。在决议的制发过程中，重大事项是通过讨论决定的，且这一决定的结果是指对工作和生活造成重大影响的计策和办法。"决议"的决策性显而易见。

(2) 权威性。针对重大决策事项，党的领导机关在会议上经研究、讨论后成文为决议，它要求相关部门和人员贯彻执行，不得违背。这是决议权威性的体现，也是其最主要的特征。

(3) 程序性。决议的形成，有着严格规范，无论是其必须经过的程序，还是在相关程序中要达到的要求，都不容错过和忽略。

(4) 指导性。决议的结果能为党内工作和生活提供指导性意见，指引着正确的走向。

其实，不同内容的决议对党的工作和生活的指导性作用是不同的。根据其内容的差异性，决议可分为以下几类。

- 批准性决议：主要是对某项议案进行肯定和否定，也称"认可性决议"；
- 公布性决议：主要是对某项法规、提案进行公布；
- 阐述性决议：主要是对某一重大结论的具体内容进行详细阐述；
- 部署性决议：主要是对工作进行安排部署，一般用于需贯彻执行的重大决策事项。

4.1.2 格式要点

决议作为一种有着严格规范性的公文文种，其在格式上的要求或规范也就不言而喻。具体说来，决议主要包括三个部分，具体内容如下。

1. 标题

决议的标题根据其所包含要素的不同，可分为两种形式：

一是"发文机关/会议名称+事由+文种"形式，其中的"会议名称"是指决议形成的会议名称。

二是"事由+文种"形式，这是一种省略了决议的发文机关或决策通过的会议名称的形式，重点体现决议的事由，让读者更加明白决议的内容。

2. 成文时间

公文的成文时间有两个可标注的位置，一是在标题下居中标注，一是在正文之后居右标注，决议的成文时间标注采用前一种，在括号内标注。

从某一层面来说，成文时间的拟写与标题有着相关性，其一，两者可以共同组成决议的首部；其二，当标题中没有注明会议名称时，会在成文时间标注中加以说明。

基于此，成文时间的写法主要包括两种，具体如下：

(1) 标题中已经注明了通过决议的会议名称的，只需要填写"××年×月×日通过"；

(2) 标题中缺失了通过决议的会议名称的，应该填写"××会第×次会议××年×月×日通过"。

3. 正文

决议的正文一般可分为三个部分，就是开头、主体和结语。

其中，决议的正文开头部分主要是对决议出现的缘由、根据、意义等进行阐述，这一部分是对决议涉及的相关事项做简要介绍。

决议的正文主体部分也是整个决议文稿的中心部分，这一部分按照决议事项的不同而不同。

例如，批准性决议的正文主体部分应该强调审议批准的事项或文件的意义，进而提出希望和要求；又如，部署性决议，其正文主体部分应该对有关工作做出的部署和措施、要求，以便相关人员更好地了解和执行等。

决议的正文结语部分表示决议拟写的结束，在拟写过程中这一部分可视具体情况决定是否要写。当决议中有结语时，它一般主要是有针对性地对执行要求和希望进行介绍，以此结束全文。

4.1.3 写作技巧

在进行决议的拟写过程中，拟写者可从两个方面加以注意，一是内容的结构方面的技巧，二是内容写作方面的技巧要求，下面一一进行介绍。

1. 内容结构安排方面

决议内容的安排可根据其决议事项和内容的多少来采取合适的结构形式，具体如图4-2所示。

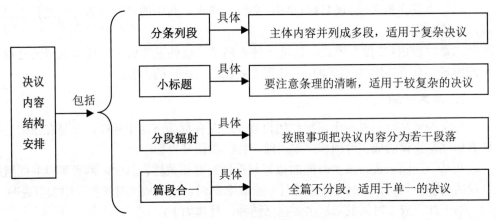

图 4-2　决议内容结构安排

2. 内容技巧要求方面

一篇文章只有做到合乎要求才能成为一篇好文。在决议的写作中，要做到合乎要求，应该从以下几个方面着手。

1) 全面把握和呈现会议情况

要想全面把握会议情况，首先应该了解会议所要表达的中心。了解会议的中心，就要从会议召开的原因、会议解决了什么问题以及解决问题的方案和决策性意见是什么等方面进行把握，这些在拟写决议之前就应该成竹在胸。

要想全面掌握会议情况，还应该明确会议群体的肯定与否定态度。这种态度在最终结果上是唯一的，也就是说，会议依照法定程序而通过的最终决策结果是会议的结果，对这种结果应该明文确定。

基于这一方面，拟写者要想全面而准确地呈现会议情况，就应该在拟写过程中采用习惯的决议用语，如图4-3所示。

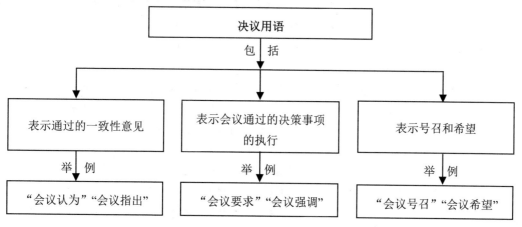

图4-3 常用的决议用语

而诸如日常生活中人们常说的"少数人认为""多数人认为"等表示对意见或建议的不一致性或认可程度的用语，是不能用在决议中的。

2) 在时间上要注意快捷成文

决议是在会议过程中形成的，随着会议情况的变化，决议的稿本也在不断修改，因此，每一次稿本的拟写都局限在一定的时间范围内，它需要按时提交会议通过，能留给拟写者的时间并不是很多，于是成文的快捷性也就成了写作决议的一个重要要求。

3) 写法上叙议结合

在拟写决议的过程中，不能"记流水账"似的平铺直叙地一味叙述，而是应该做到叙议结合，把有力的观点、精准的评价切入其中，有理有据，才能最大程度地激发贯彻执行的积极性和自觉性。

4.1.4　案例模板1：批准性决议

批准性决议作为决议的一种主要类型，主要是针对某一文件或报告进行审议批准的文稿，根据其批准内容的多少，其写作结构上也有所区别。

下面以《第××届全国人民代表大会第×次会议关于政府工作报告的决议》为模板，具体介绍批准新决议的拟写，如表4-1所示。

表 4-1 批准性决议的模板

标题		第××届全国人民代表大会第×次会议关于政府工作报告的决议
成文时间		(××××年×月×日第××届全国人民代表大会第×次会议通过)
正文	开头	第××届全国人民代表大会第×次会议听取和审议了国务院总理×××所作的政府工作报告。会议充分肯定了国务院过去一年的工作，同意报告提出的××××年工作总体部署、目标任务、重点工作和政策措施，决定批准这个报告。
	主体	会议号召，全国各族人民紧密团结在以×××同志为核心的党中央周围，高举中国特色社会主义伟大旗帜，全面贯彻党的××大和××届×中、×中、×中、×中全会精神，以邓小平理论、"三个代表"重要思想、科学发展观为指导，深入学习贯彻×××总书记系列重要讲话精神和治国理政新理念新思想新战略，统筹推进"五位一体"总体布局、协调推进"四个全面"战略布局，坚持稳中求进的工作总基调，牢固树立和贯彻落实新发展理念，适应把握引领经济发展新常态，坚持以提高发展质量和效益为中心，坚持以推进供给侧结构性改革为主线，适度扩大总需求，加强预期引导，深化创新驱动，全面做好稳增长、促改革、调结构、惠民生、防风险各项工作，凝心聚力，攻坚克难，奋发有为，真抓实干，保持经济平稳健康发展和社会和谐稳定，以优异成绩迎接党的××大胜利召开！

【分析】这是一篇批准性决议，它主要是审议通过了政府工作报告。这在决议的开头就展现了出来，这是一种"导语"式开头，让读者带着目标去阅读，从而在一开始就能很好地把握中心内容和精神实质。

在全文结构安排中，由于这个报告明显是单一的决议内容，因而它采用的是篇段合一式的结构，在正文的主体部分是没有分段的。

而且在这一段中，采用了以议论为主辅以叙述的写作手法，借观点摆出具体事实，又在叙述的基础上引出观点，中心突出，并在最后用坚定、有力的语言提出号召语，具有很强的感染力。

4.1.5 案例模板 2：公布性决议

公布性决议，即针对重要决策事项，如公布某项提案、法规而应用的决议类型。可见，这一决议的使用对象一般是将要公布的依法指定的法律、法规等。其在拟写过程中没有一定的内容局限，对具体事项详略皆可，还可适度表达会议对该事项的看法等。

下面以《全国人民代表大会常务委员会关于公布〈中华人民共和国××特别行政区基本法(草案)〉的决议》为例,具体介绍公布性决议的拟写,如表4-2所示。

表4-2 公布性决议的模板

标题		全国人民代表大会常务委员会关于公布《中华人民共和国××特别行政区基本法(草案)》的决议
成文时间		(××年×月×日通过)
正文	开头	第×届全国人民代表大会常务委员会第×次会议听取了××特别行政区基本法起草委员会×××主任委员关于《中华人民共和国××特别行政区基本法(草案)》及有关文件的报告,决定:
	主体	(一)公布《中华人民共和国××特别行政区基本法(草案)》和三个附件,同时公布《中华人民共和国全国人民代表大会关于××特别行政区第×届政府和立法会产生办法的决定(草案代拟稿)》《××特别行政区基本法起草委员会关于设立全国人民代表大会常务委员会××特别行政区基本法委员会的建议》,自公布之日起至××××年×月底,在××和全国其他地区广泛征求意见。 (二)由××特别行政区基本法起草委员会负责征求××各界人士和中央各部门、各政党、各人民团体的意见。 (三)由各省、自治区、直辖市人民代表大会常务委员会负责征求本地区各界人士的意见,并将意见汇总,于××××年×月中旬以前报送××特别行政区基本法起草委员会。各界人士也可以将意见寄送××特别行政区基本法起草委员会秘书处。 (四)全国人民代表大会常务委员会委托××特别行政区基本法起草委员会负责主持征求意见的工作,并根据××和全国各地区、各方面提出的意见,对《中华人民共和国××特别行政区基本法(草案)》做进一步修改后,提请××××年举行的第×届全国人民代表大会第×次会议审议。

【分析】这是一篇公布性决议。

在开头陈述了决议产生的背景和根据,是对决议依法产生的有力证明。然后逐条列举决议内容,写明决议通过的会议事项。在决议事项中,为接下来的关于这一草案将要进行的工作和要求进行了介绍,很好地规范这一草案的后续处理工作和有利于相关部门的贯彻执行。通过这一篇公布性决议,各级领导和与会者能迅速了解决议内容。

在语言上,严格运用规范性语言,体现严谨、行文周密的特征。

4.2 决定

上面已经对决议做了具体、详细的介绍,作为与决议有一定相似之处的决定,它又是一种怎样的公文文种?在此,将从多个方面进行介绍,以便读者了解和掌握决定文稿的拟写,从而提高工作效率。

4.2.1 基本常识

从公文文种角度来说,决定是一种指令性的下行文,它一方面需要对重要事项或重大行动作出决策或安排,另一方面它还要求相关部门能贯彻执行下去,只有这样,才是对决定的最好诠释。

一般来说,决定具有以下几个方面的特性:

(1) 决策性。与决议一样,决定同样体现了其决策性,也就是说在决定的形成和应用的过程中,集中体现了领导机关的决策和指挥意志。

(2) 强制性。从强制性方面来说,决定仅次于命令。决定的制发是党政机关,它制约着下级机关必须贯彻执行。

(3) 确定性。决定内容具有确定性,要求在相当长时间内贯彻执行,且决定发挥作用的时限相当长。

(4) 指导性。决定是一种为下级机关的工作提供准则的公文文种,具有很强的指导性。

决定这一公文文种,从内容和用途上来说,也不是单一的种类,它可以分为以下三类:

(1) 决策知照性决定。它是把其决策知照给相关单位和个人的决定种类,如对个人、单位进行表彰或处分的决定,对某一普遍性重大问题认识的决定等,这些都属于决策知照性决定的范畴。

(2) 部署指挥性决定。部署指挥性决定一般都是针对重要事项或重大行动的,如《国务院关于进一步加强农村教育工作的决定》就是对农村教育工作这一重大问题作出处理和部署的决定类型。

(3) 法规政策性决定。它是指建立、修改某项法规或确定大政方针的决定。

4.2.2 格式要点

决定有其规范的写作格式,主要由标题、成文日期、主送机关、正文和落款五个部分组成,具体如下。

1. 标题和成文日期

决定的标题形式为"制发机关+事由+文种",这是其标题的基本形式。

如果决定是由会议通过的,那么在标题下方居中位置必须加括号注明成文日期和会议名称;如果不是由会议通过的,那么其成文日期除了可以标注在标题下外,还可在落款处标注。

2. 主送机关

在决定的写作中,主送机关这一内容并不是必须书写项。当决定的制发机关非常明显、确定时,它是可完全省略的。

3. 正文

决定的正文也是由开头、主体和结尾组成的。

(1) 开头。在决定的开头,一般会写明做出决定的缘由和依据,如"目前……/根据……/为了……,现决定:"是很常见的开头写法。

(2) 主体。决定的主体部分就是对做出的决定的具体事项进行介绍。当然,当决定需要在其依据方面进行重点阐述时,也属主体部分的内容,如表彰等决定就是如此。

(3) 结尾。在决定的结尾,一般会根据决定内容提出具体希望与要求,以便人们贯彻执行或为实现将来的目标而努力。

4. 落款

落款处必须注明制发机关,且在其上加盖印章,这是这一部分必需的要素。当在决定的首部没有标注成文日期的,应该在此予以标注。

4.2.3 写作技巧

在拟写决定时,应该注意以下技巧的应用。

1. 选取合适的结构

决定的内容体现多样性的特征,由此而来的其结构也应根据各自的特点选取合适的方式。下面以部署指挥性决定为例,进行具体介绍。

对于部署指挥性决定而言,它是为了传达某一重要工作或行动的具体部署的文稿,在其拟写的过程中,应该包括以下两个方面的内容:

一是简述做出决定的背景和依据;

二是具体介绍该决定的内容和要求。

因此,在部署指挥性决定的拟写过程中,应该在开头充分表达出决定要点,然后把各并列的内容分条表达,也就是说对这类决定应该采取"要点-分条式"。

2. 语言和内容规范

在内容和语言方面，决定的拟写有着总体要求，即内容的严肃性、事实的确切性和行文的周密性。在具体写作中，决定的内容必须做到以下三个方面：

- 给作出的决定提供一个法律法规、大政方针方面的依据；
- 决定的内容须与上级和同级机关相关规定保持一致性；
- 须有严密的逻辑性，且与其他各项规定能很好地衔接。

3. 文字详略得当

在文字详略安排方面，应该根据决定的正文各部分的主次性来安排。就决定的具体事项来说，在法规政策性决定和部署指挥性决定中，这一部分应该重点、详细地介绍；而在知照性决定中，这一部分应该简单、粗略地介绍。至于决定的缘由和依据，则与之相反。

可见，决定在文字详略方面应该根据各种类型精准把握、搭配得当，以便更好地写出符合要求、优秀的决定文稿。

4.2.4 决定与决议的关系

决议与决定的针对对象都是重大决策事项，且在其形成和执行中都有必要的联系，那么它们究竟有着怎样的联系和区别呢？具体内容如下。

首先，从两者的相似之处而言，主要表现在行文关系、作用和特点三个方面。如表4-3所示为决议与决定的相似之处。

表4-3 决议与决定的相似之处

相似方面	具体内容
行文关系	为下行文
作用	是对重大事项或重大行动的决策
特点	具有决策性、强制性特征，体现领导机关的意志，要求无条件执行

其次，决定与决议也存在区别，具体表现如表4-4所示。

表 4-4 决定与决议的区别

区别		具体内容
内容方面	决定	设计内容较单一、具体，简要地表达肯定或否定意见，重在指导有关部门遵照办理，主要表现在行动上
	决议	一般涉及较重大的有关全局的原则性问题，并作出具体要求和规定，重在从思想上统一认识并贯彻执行
形成程序方面	决定	不一定经过法定会议程序讨论通过，可以是各级领导机关或个人直接制发
	决议	必须经有关法定会议讨论，在达到法定多数情况下通过，并以会议名义发布
发文范围方面	决定	一般只发文到一定的层级，且需要正式公布，其发文范围比较窄
	决议	一般发文到与之相关的所有部门或人员，没有要求一定正式公布

4.2.5 案例模板1：法规政策性决定

法规政策性决定，主要是对法律、法规基于建立、修改、落实方面的内容作出决定的文种。其制发机关一般为全国人民代表大会及其常务委员会和国务院。因此，在法规政策性决定的拟写过程中，要特别慎重。下面以《全国人民代表大会常务委员会关于实行宪法宣誓制度的决定》为例，进行具体介绍，如表4-5所示。

表 4-5 法规政策性决定的模板

标题		全国人民代表大会常务委员会关于实行宪法宣誓制度的决定
成文日期		(2015年7月1日第十二届全国人民代表大会常务委员会第××次会议通过)
正文	开头	宪法是国家的根本法，是治国安邦的总章程，具有最高的法律地位、法律权威、法律效力。国家工作人员必须树立宪法意识，恪守宪法原则，弘扬宪法精神，履行宪法使命。为彰显宪法权威，激励和教育国家工作人员忠于宪法、遵守宪法、维护宪法，加强宪法实施，第十二届全国人民代表大会常务委员会第十五次会议决定：

正文	主体	一、各级人民代表大会及县级以上各级人民代表大会常务委员会选举或者决定任命的国家工作人员，以及各级人民政府、人民法院、人民检察院任命的国家工作人员，在就职时应当公开进行宪法宣誓。 二、宣誓誓词如下： 我宣誓：…… 三、全国人民代表大会选举或者决定……宣誓仪式由全国人民代表大会会议主席团组织。 四、在全国人民代表大会闭会期间……宣誓仪式由全国人民代表大会常务委员会委员长会议组织。 五、全国人民代表大会常务委员会……宣誓仪式由全国人民代表大会常务委员会委员长会议组织。 六、全国人民代表大会常务委员会……宣誓仪式由最高人民法院、最高人民检察院、外交部分别组织。 七、国务院及其部门、最高人民法院、最高人民检察院……宣誓仪式由任命机关组织。 八、宣誓仪式根据情况，可以采取单独宣誓或者集体宣誓的形式。…… 九、地方各级人民代表大会及县级以上地方各级人民代表大会常务委员会选举或者决定任命的国家工作人员，以及地方各级人民政府、人民法院、人民检察院任命的国家工作人员，在依照法定程序产生后，进行宪法宣誓。宣誓的具体组织办法由省、自治区、直辖市人民代表大会常务委员会参照本决定制定，报全国人民代表大会常务委员会备案。
	结尾	十、本决定自2016年1月1日起施行。

【分析】这是一篇法规政策性决定。开头就对决定之所以作出的原因和依据进行了简要概述，有利于引出下文和读者更快地把握决定的中心内容。

这篇决定采用了与法律、法规本身极为相似的写作方式——条款式的结构样式，把决定的正文主体内容分为了九项，每一项都有一个独立的意思，但它们之间并非完全分割开来的，有着很好的上下衔接效果。

从这篇决定中可以明显地看出，它用词准确严密，并在具体应用中切实可行，是一篇极为规范的法规政策性决定案例。

4.2.6 案例模板2：决策知照性决定

在决策知照性决定类公文中，表彰、处分一类的决定是人们比较常见的，它们一般包括三个方面的内容：表彰或处分对象的基本情况和作出决定的依据、原因，关于表彰或处分的具体处理意见和事项，提出希望和要求，发出号召，希望后来者学习或吸取教训。

下面以《关于表彰××年度先进单位和先进个人的决定》为例，具体介绍决策知照性决定的写作模板，如表4-6所示。

表4-6 决策知照性决定的模板

标题		关于表彰××年度先进单位和先进个人的决定
发文字号		××发〔××〕7号
正文	开头	××年，在党委、办事处的正确领导下，××上下认真学习贯彻党的××大及××届三中全会精神，围绕市委、市政府建设"区域性中心城市"的总体目标，努力打造品质卓越的中心城区、环境优美的宜居家园、高端品牌集聚的商贸中心、文化资源丰富的现代名城，圆满地完成了全年各项目标任务，有力地推动了经济社会又好又快地发展，涌现出了一大批表现突出的先进单位和先进个人。
	主体	为表彰先进，进一步激发街道各部门各单位和广大干部群众的积极性，××党委、办事处决定，对在年度工作中作出突出贡献的先进单位和先进个人进行表彰。授予××村等6个村"村级目标考核一等奖"……；授予××社区等3个单位"社区年度工作一等奖"……；授予××办公室等32个单位"先进单位"称号；授予……称号；授予……；……。
	结尾	希望受到表彰的先进单位和先进个人要谦虚谨慎，再接再厉，再铸辉煌。××各级各部门和广大干部群众要以先进单位和先进个人为榜样，开拓创新、锐意进取，为加快建设区域性中心城市，打造美丽幸福的新××而努力奋斗！ 附件：××街道××年度先进单位和先进个人名单
落款		中共××街道委员会 ××街道办事处 ××年×月×日
其他		附件： ××街道××年度先进单位和先进个人 名　单 (略)

【分析】就是一篇表彰类的决策知照性决定。

文中采用了分列自然段的写法，在结构全篇中，以符合决策知照性决定的写作模式进行拟写：首先，拟写者介绍了表彰的依据和原因；其次，对具体的表彰情况进行了详细介绍和列举；最后，就此提出希望和要求，有力地号召各级各部门和广大干部群众去统一行动。

其中，在对表彰决定的事项进行说明时，是以举例、略写的形式来说明的，因而，拟写者最后还附加了附件，以便相关人员了解和查看。这是一种在表彰的对象众多或有其他需要说明、引用的事项时运用的方法，应该在正文结尾后、落款前加附件说明，并在落款后加上附件。

4.3 公告

公告是一种非常重要的党政公文文种，也是一种发布范围广泛、起晓谕性作用的公文文种。本节将对其进行具体介绍，以便读者更好地掌握公告的拟写。

4.3.1 基本常识

公告，即公开宣告，在党政公文文种中，公告是一种适用于向国内外宣布重要的或法定的事项的文种。

从种类而言，在党政公文范畴内，公告主要有以下两种。

(1) 法定事项类的公告。这一类的公告主要用来公布带有法律、法规性质的事项的。公告之后，各级机关和相关人员必须遵守。在此，带有法律、法规性质的事项包括法规或规章本身，也包括需要经法定程序产生的事项。

(2) 重要事项公告。这一类的公告其主要内容涉及国家的政治、经济、军事等与国家事务关系密切的方面，且这些事项一般都是应该公告给全民知道的。

> **专家提醒**
>
> 在党政公文范畴外，还有一些类型的公告，如招标公告、申请专利的公告等专业性公告，向特定对象发布的公告(如法院诉讼文书间接送达的公告)等。

随着公告"公而告之"含义的扩大化，其在使用上往往超出了其原有范围，使其在内容上忽视了其特征上的庄重性要求，偏离了《国家行政机关公文处理办法》中关于"公告"的规定。由此看来，掌握公告的特点至关重要。具体说来，公告的特点主要包括以下内容。

(1) 广泛性。这一特征是公告的基本特征，是由公告的内容本身和作用决定的。一般来说，公告在发布内容时，其发布范围往往是非常广泛的，甚至可能是全国乃至全世界的。

(2) 限制性。与发布范围的需要无限扩大的广泛性相反，其发布的权力是被限制在高层行动机关及其职能部门的范围之内的，具有极大的限制性。一般说来，除省、自治区、直辖市及其以上层级的行政领导机关和部分法定机关有发布公告的权力外，其他机关或组织是不能发布公告的，具体如下。

- 企事业单位；
- 各级党团组织和各类社会团体；
- 省、自治区、直辖市等以下层级的地方行政机关。

(3) 重大性。考虑到公告的影响力和意义，应该在题材上考虑其重大性。只有针对那些能在国内国际上产生一定影响的重大题材，才能使用"公告"这一文种。

(4) 新闻性。公告是给国内国际上的所有人看的，需要告诉读者的是一些能让人们关心、未知的事项，且这些事项应该是在近段时间内发生的，因而公告的新闻性也是一个非常重要的特征。

4.3.2 格式要点

一篇完整的公告，应该包括4个部分的内容，具体如下。

1. 标题

在公告的标题中，常见的要素一般有三个，即发文机关或会议名称、事由和文种。根据不同要素的组合，公告的标题也有多种形式，具体如下。

(1) "发文机关/会议名称+文种"形式：这是公告标题最常见的构成形式，如《中华人民共和国全国人民代表大会公告》。

(2) "发文机关/会议名称+事由+文种"形式：这是一种用于内容较多、事由较复杂的公告标题形式，如《中国人民银行关于进一步改革外汇管理体制的公告》。

(3) "事由+文种"形式：这种公告把事由在标题中重点表现了出来，如《关于建设党员责任区的公告》。由于这种公告标题中没有注明发文机关或会议名称，因此需要在落款处注明。

2. 发文字号

在公告的格式中，发文字号可有可无。只有当同一发文机关需要在短时间内发布多份公告时，才应该标明发文字号。其他情况下则不必注明。

3. 正文

在公告正文中，一般包括两部分内容，即公告的原因和具体事项。其中，关于公告的原因，拟写者可以选择性地加以介绍，要简明扼要；对公告的具体事项，拟写者应该根据内容的多少选择不同的陈述方式，但是无论采用何种方式，拟写者都应该注意在拟写时语言要得体、精练，层次要清晰、分明。

当然，拟写者有时还会在结尾处提出希望或警告等，并标明公告惯用的结束用语"特此公告"等。

4. 落款

与其他公文一样，其落款也包括署名和日期两项。如果已在标题中写明发文机关的，则只需在落款处写明成文日期就可以了。

4.3.3 写作技巧

在写作公告中，拟写者还有许多要注意的问题和要掌握的技巧，下面将对其分别进行介绍，具体内容如下。

1. 结构技巧和要求

公告是写给人们看的，需要的就是易读、易懂、易知，而想要达到这一要求，就应该注意在结构方面要层次分明、结构灵活。对一些简单的公告，只要简单陈述就可了。然而对一些内容较复杂的公告，拟写者首先应该明白公告拟写的层次，把先写什么、后写什么的写作思路架构起来。

2. 用语技巧和要求

在用语方面，公告应该满足得体、准确的要求。

"得体"，就是要求用与公告风格相似的语言。由于公告是面向大众的，用较平实的语言显然更能体现其得体性，更能让人们读懂，因而，在语言的得体性上，公告应该采用浅显易懂、直截了当的用语。

"准确"，就是要求基于公告其政策性和规定性要求，无论是在文字的引用、遣词造句，还是句式上都要体现"准确"这一特征。它是公告语言的最基本要求。从"准确"角度而言，公文语言应该注意以下方面：

- 符合社会的客观实际情况；
- 符合规范的语法层次和逻辑；
- 符合内容表达的恰当性要求。

3. 内容篇幅要求

总体来说，公告是一种短篇公文。这是满足公告能被人们把握、理解和遵行三方面要求的篇幅要求。而想要实现公告篇幅的简短，最重要的就是在文字上做简要处理。具体说来，拟写者应该从以下几个方面加以注意。

(1) 开头开门见山，结尾迅速结束；
(2) 正文陈述时要直陈其事，直截了当；
(3) 观点要鲜明，文字要简练。

4.3.4 案例模板1：法定事项公告

根据一些法律法规的规定，日常生活中的一些重要事项是需要通过公告形式向全民宣布的。因此，掌握法定事项公告的写作模式，有利于拟写出优秀的公文。下面以《中华人民共和国国家安全部公告》为例，具体介绍法定事项公告的写作模式，如表4-7所示。

表4-7 法定事项公告的模板

标题		中华人民共和国国家安全部公告
正文	开头	根据《中华人民共和国国家安全法》(以下简称《国家安全法》)的有关规定，国家安全机关工作人员在执行国家安全工作任务时，依法使用由国家安全部统一制作、签发、全国通用的《中华人民共和国国家安全部侦察证》(以下简称《侦察证》)。现将有关事项公告如下：
	主体	一、《侦察证》为红色，封面印有"中华人民共和国国家安全部侦察证"字样和由盾牌、五星、国家安全、短剑组成的徽章图案。封里印有持证人的照片、姓名、性别、单位、职务、编号、签发机关及行使的职权。 二、国家安全机关工作人员依法执行国家安全工作任务时，出示《侦察证》，可以行使《国家安全法》规定的有关职权。 三、维护国家安全是全体公民的义务。国家安全机关工作人员持《侦察证》依法执行任务时，个人和组织应根据《国家安全法》的有关规定，积极提供便利条件和其他协助，不得以任何借口妨碍或者阻挠，违者依法处理。 四、严禁任何组织和个人非法使用《侦察证》，或者伪造《侦察证》，违者依法追究其刑事责任。 五、国家安全机关及其工作人员在国家安全工作中，应当严格依法办事，不得超越职权、滥用职权、不得侵犯组织和个人的合法权益。违者视其情节轻重，给予行政处分；构成犯罪的，依法追究刑事责任。 六、任何组织和个人，如发现国家安全机关及其工作人员有超越职权、滥用职权和其他违法违纪的行为，应当检举、控告，我们将及时查清事实，严肃处理。国家安全部投诉电话为：×××××××。
	结尾	特此公告。
落款		国家安全部 ××××年×月×日

【分析】这是一篇法定事项公告。它遵循了公告内容的一般写作原则，即先写明公告的原因和依据，然后对公告的具体事项分条列项拟写。其中，在具体事项的拟写中，该篇公告体现了非常明显的层次性，而且在语言上符合其规定性和准确性，因而，作为一篇法定事项公告，它有着很大的借鉴价值，值得拟写者学习。

4.3.5 案例模板2：重要事项公告

重要事项公告主要是针对那些需要通过一定法定程序确定并告知全民的有关国家政治、经济、军事等方面内容的公告。下面以《中华人民共和国全国人民代表大会公告》为模板，具体介绍重要事项公告的写作手法，如表4-8所示。

表4-8 重要事项公告的模板

标题	中华人民共和国全国人民代表大会公告
发文字号	中华人民共和国 全国人民代表大会公告 第×号
主体	第×届全国人民代表大会第×次会议于××××年×月×日根据中华人民共和国主席×××的提名，决定×××为中华人民共和国国务院总理。
结尾	现予公告
落款	中华人民共和国第×届全国人民代表大会第×次会议主席团 ××××年×月×日

【分析】这是一篇有关国家重要领导岗位任免的重要事项通告。篇幅简短，然而清楚地说明了要告知全民的具体事项。因此，这一公告写作模板在党政公文中比较常见和适用，有着很大的参考价值。

4.4 通告

公告与通告都是对外公布时使用的公文文种，然而本节将要介绍的通告主要适用于有关单位开展业务的需要，与公告的应用在权力上有一定的层级限制不同，通告可使用在不同层级、不同领域中。下面将具体介绍通告的基本知识，以便读者全面了解和深入掌握通告。

4.4.1 基本常识

1. 含义和适用范围

通告主要是对一定范围内的单位或个人应该遵守或周知的事项进行告知的公文文种。可见，它适用于社会各有关方面各种单位或个人应该遵守或周知的事项。

2. 主要特征

通告在制发过程中体现出明显的知照广泛性、效用规范性和事务专业性特征。下面一一进行介绍。

(1) 知照广泛性。通告的知照广泛性主要表现在两个方面：一是其使用主体是广泛的，涉及各级各类机关；二是其告知内容涉及社会的各有关方面。因而，广泛性是通告的最主要特征之一。

(2) 效用规范性。通告的效用规范性是通过其内容对社会方方面面的各种约束来实现的。通告的内容主要是对其所提及和告知的事项进行行为的约束和限制，要求被告知者严格遵守。

(3) 事务专业性。通告的事务专业性主要体现在其在处理诸多主管业务部门工作时，要求在内容上具有事务方面的专业性。

3. 主要类别

通告根据其效用可分为两类，即知照性通告和规定性通告，具体内容如下。

知照性通告仅仅具有告知效用，这一类通告不要求人们遵守执行，因而其在内容上一般是对专业的事务进行告知。

规定性通告与知照性通告不同，它主要是对要求被告知者要严格遵守的事项的公布，具有行政约束力或法律效力。

4.4.2 格式要点

关于通告的组成，其主要可分为两部分，下面将一一介绍各部分的格式内容。

1. 标题

通告的标题有四种写法，即：

(1) 以"通告"命名。这类标题就是直接以其文种命名，假如要公布的通告内容是紧急的，此时应该在文种前加上"紧急"二字。

(2) "事由+文种"形式，这一类通告标题一般写成"关于×××的通告"。

(3) "制发机关+事由+文种"形式，这一类通告标题一般写成"×××关于×××的通告"。

(4) "制发机关+文种"形式，这一类通告的标题一般写成"×××的通告"。

2. 正文

通告的正文部分内容，一般的写作顺序是先介绍缘由，再介绍事项，然后结语。

在通告的缘由写作部分，主要是阐述发布通告的背景、依据和原因等，可利用特定句式引出下文，如"为/根据……，特通告如下"。

通告的事项部分是其正文的主体，它主要包括以下两个方面：

- 要公布的周知性的具体事项；
- 对告知事项执行的具体要求。

通告的结语部分有其特定范式和写法，一般写成"特此通告""本通告自发布之日起实施"等。

4.4.3 写作技巧

在拟写通告的过程中，掌握一定的写作技巧可以更快地写出优秀的通告。一般来说，要写好一篇通告，应该掌握以下写作技巧。

1. 要条理清楚，层次分明

条理性和层次性是写作一篇文章的基础，只有在条理上表现清晰的文章才能让读者明白其内容，究竟要表达什么意思。因而，当通告的内容较多时更要注意其条理与层次。此时，通告可采用分条列项的写作手法。

2. 要明确具体，观点鲜明

架构好了通告的条理和层次，然后要对具体内容进行陈述。在陈述内容的过程中，拟写者应该做到两点，即事项要明确具体，观点要鲜明，以便被告知者理解和执行。

3. 要注意内容的政策性

在组织内容的过程中，通告还应该注意其事项和执行要求是符合相关法律法规的，只有符合法律法规规范的通告内容，才能体现其权威性，才能发布并执行。

4. 要通俗易懂，便于理解

所有通告内容都应该采用通俗易懂的语言来拟写，以便被告知者迅速理解，即使是那些公布专业性事务的通告，对于一些被告知者可能不懂的专业术语，拟写者应该对其加以说明，让所有相关人员能够读懂。

4.4.4 通告与公告的关系

公告与通告都是对外进行公布的公文文种，具有传播广泛性，正因为其被告知对象的广泛性，能"一体周知"，因而又称为"周知性文章"。然而它们毕竟是不同的文种，有着很大的区别，具体表现在以下方面。

1. 发文机关的不同

公告的发文机关是有着权力限制的，它一般为省、部以上机关，而通告的使用主体为各种机关单位，没有权力的限制。可见，公告的发文机关级别明显更高。

2. 发布内容的不同

公告的内容是与国家政治、经济等有关方面的重大事项或带有法律法规性质的事项，因而其公布的事项在重大性上表现明显。而通告的内容多为专门性事务或一般性事务。

3．发布方式的不同

在发布方式上，公告一般通过通讯社、电台和报刊发布，而通告的发布方式是多种多样的，既可简单张贴，也可通过报刊、电台等发布。

4.4.5 案例模板1：知照性通告

知照性通告是一种重要的通告类型，在写作这类通告时，拟写者要注意把要发布的事项写清楚，让被告知者读懂。

下面以《关于启用"中国农业普查——××××"标志的通告》为例，具体介绍知照性通告的写作模式，如表4-9所示。

表4-9 知照性通告的模板

标题		关于启用"中国农业普查——××××"标志的通告
正文	开头	根据《全国农业普查条例》的规定，国务院决定××××年开展第×次全国农业普查。为提高社会公众对第×次全国农业普查工作的认知度，做好农业普查的社会宣传动员工作，规范"中国农业普查——××××"标志的使用与管理，经国务院第×次全国农业普查领导小组办公室审定，从即日起在第×次全国农业普查工作中启用统一的"中国农业普查——××××"标志。
	主体	一、标志图案(略) 二、标志含义 "中国农业普查——××××"标志，以"中国""三农""收获"构成设计主题。由绿叶组成的开口外环形成字母"C"代表中国；三片绿叶向上环绕伸展，代表农业、农村和农民；金黄色麦穗寓意"丰收"；"××××"表明普查时期。 三、标志使用范围 "中国农业普查——××××"标志供各级农业普查机构在第×次全国农业普查活动中使用。主要包括： 农业普查办公用品，如公文袋、文件夹、信封、会标、名片、请柬，以及普查工作证件、奖牌、证书等；农业普查出版物、公益广告、宣传品、纪念品等；农业普查专用网站、网页和演示、教学用幻灯片模板等。 任何组织和个人不得将该标志用于农业普查以外的商业活动。

续表

正文	主体	四、标志使用管理 中国农业普查标志的使用由国务院第×次全国农业普查领导小组办公室负责统一管理。
落款		国务院第×次全国农业普查领导小组办公室 ××××年×月×日

【分析】这是一篇知照性的通告案例。它主要是对启用某一标志而发布的让相关单位和个人知晓的通告。

本文在开头就介绍了标志启用的依据、原因和意义，简短的几句话就能让被告知者立刻明白，抓住了通告拟写的精髓。然后拟写者对通告的具体实现按照一定的层次和条理进行了阐述，从标志的图案、标志的含义到标志的使用范围、标志的使用管理等方面，分条列项，逐条陈述，言简意赅，内容具体明确，是知照性通告拟写的典范。

4.4.6 案例模板2：规定性通告

与知照性通告相比，规定性通告最大的不同就在于它不仅仅是告知相关单位和个人通告的具体事项，它还要求被告知单位和个人严格按照这些事项执行，且这一执行要求是基于法律、法规的角度而作出的，具有很大的制约性。

下面以《中华人民共和国公安部通告》为例，具体介绍规定性通告的写作范式，如表4-10所示。

表4-10 规定性通告的模板

标题		中华人民共和国公安部通告
成文时间		(××××年×月×日)
正文	开头	中华人民共和国民政部已于××××年×月×日认定×××研究会及其操纵的×××组织为非法组织，决定予以取缔。据此，特通告如下：
	主体	一、禁止任何人在任何场所悬挂、张贴宣扬××××(×××)的条幅、图像、徽记和其他标识。 二、禁止任何人在任何场合散发宣扬××××(×××)的书刊、音像制品和其他宣传品。 三、禁止任何人在任何场合聚众进行"××""××"等宣扬××××(×××)的活动。 四、禁止以静坐、上访等方式举行维护、宣扬××××(×××)的集会、游行、示威活动。

续表

正文	主体	五、禁止捏造或者歪曲事实、故意散布谣言或者以其他方式煽动扰乱社会秩序。 六、禁止任何人组织、串联、指挥对抗政府有关决定的活动。 违反上述规定，构成犯罪的，依法追究其刑事责任；尚不构成犯罪的，依法给予治安管理处罚。
落款		中华人民共和国公安部 ××××年×月×日

【分析】这是一篇规定性通告，是关于取缔非法组织，要求相关单位和个人在行为和言辞上予以约束的通告。

通告首先对发布通告的背景进行了介绍，让读者明白其政策性、法规性。接着以"特通告如下"引出下文。然后以六条"禁止"事项来陈述该通告的主要内容，表明被告知者应该在哪些方面加以规范，最后对违反该通告事项的后果做了介绍，从背景、事项到后果，这三者都从法律、法规的角度切入，体现了规定性通告显著的效用规范性特征。

4.5 通知

通知也是一种知照性公文文种，在日常生活中，这一类公文运用得非常广泛。它的目的就是通过通知的形式以公开的方式向相关单位和个人传达某一事项或文件。下面将具体介绍通知的基础知识，以便读者掌握通知的写法。

4.5.1 基本常识

在通知中，其所涉及的事务既有法规、规章，也有一般性事务；既有对上级机关、同级机关和不相隶属机关公文的转发，也有对下级机关公文的批转，因而，在适用范围上通知是非常广泛的。

那么，这样的通知公文有着怎样的特点呢？下面将从几个方面进行具体介绍。

(1) 运用的广泛性。通知在运用的广泛性上主要表现在两个方面，一是其制发主体的广泛性；二是收文对象的广泛性。其中，通知的发文主体是没有限制的单位和个人，从中央到地方、从企事业单位到行政机关等，都可以利用通知来发布内容。

(2) 事项的时效性。对通知所传达的事项，被传达者应该在规定时间内快速处理好。

(3) 内容的真实性。一般说来，通知是告知人们应该怎么做的公文，因而，其中所包含的内容必须是真实的，且这种真实性表现在合乎实际情况方面。

上面介绍了通知的适用范围和主要特征,下面将继续对通知的种类进行阐述,以便更全面地认识通知。一般来说,通知按照其内容和性质的不同可分为六类,如图4-4所示。

图4-4 通知的分类介绍

4.5.2 格式要点

标题、主送机关、正文和落款共同构成一个完整的通知内容。下面将对这些内容分别进行介绍。

1. 标题

一般来说,通知标题的拟写有两种形式:

(1) "发文机关+事由+文种"形式,这是一般通知标题的常规写法。

(2) "事由+文种"形式,它是在上一种的基础上省略了发文机关的写作形式。

另外,要注意的是,发布规章的通知标题需要把规章名称以《》的形式括注起来表现在标题中。

2. 主送机关

基于通知众多的发文对象,其主送机关也众多,因而在对主送机关进行排列时应注意其规范性。

专家提醒

对主送机关,应该按照以下原则进行排序:

(1) "先外后内"原则,也就是说,排在前面的应该同是下一级的地方政府,然后才是本机关的职能部门。

(2) "党政军群"原则,也就是说,应该按照党、政、军、群四个系统的先后排列,这是在党的文件中运用得比较多的原则。

3. 正文

通知的正文按照开头、主体和结尾来划分内容,一般可分为开头陈述缘由、主体陈述事项、结尾陈述要求，具体内容如下。

（1）缘由陈述部分，主要是对通知的背景、根据和意义等进行陈述。但批转、转发性通知则不同，它一般直接陈述转发对象和转发决定，不需要对通知缘由进行说明。另外，发布规章的通知，没有明显的开头部分，因而一般省略缘由的陈述。

（2）事项陈述部分，这是通知的核心部分。它针对通知的具体事项，如发布的指示、提出的方法等进行具体叙述，以便被通知者依照执行或了解。

（3）要求陈述部分，这一部分并不是所有通知都具备的，当篇幅短小或没有必要提及要求的通知，就可以将这一部分省略。

4．落款

一般包括发文机关、发文日期和发文机关印章。当标题已经注明了发文机关的，在此可以不再对其进行标注。

4.5.3　写作技巧

作为一种运用得比较广泛的公文，通知在写作的过程中逐渐形成了一定的写作技巧和要求，具体来说，表现在以下方面。

1．语言要庄重、平实

在语言上，通知要求必须是庄重、平实的。要想提高通知写作的语言运用水平，必须符合四个标准，具体如下。

- 用语要符合客观实际；
- 语言要符合明确、精练的运用标准；
- 语言要在具体语境中进行选择；
- 多用书面语，少用描绘性语言和口语。

2．讲求时效与实效

通知为了不耽误工作，避免损失，一般要求注意其时效性，快速行文，从而有利于更好地安排工作。

从实效性方面来说，通知的目的在于指导和推动工作开展，因而要注意在发布通知时，要做到数量适中，不得滥发。例如，在发布下行文时，不可一律用"通知"这一文种，而是应该根据具体情况而定；一些本应该用"启事""声明"等的广告宣传，不可以用"通知"。

3．具体事项要合理完整

通知的主体部分，当事项较多时，应对其进行细致陈述，要交代完整和要求，才能清楚明白地了解每一步工作的要求和安排，才能更好地指导下级机关和个人应该怎么做。

4.5.4 常见病误现象

在拟写通知的过程中,常会出现一些普遍忽视的常见病误现象,在此将分别进行介绍,提醒拟写者注意。

(1) 在转发的或批转的这两类通知中,当其内容不是法规性文件时,标题中使用《》形式加注。

这一写法违反了"除批转法规性文件时,一般不加书名号"的原则,因此,不能加注书名号。另外,在"批转(转发)"二字与被批转文件的发文机关之间不再使用"关于"等介词,以免介词重叠。如:

《国务院批转邮电部<关于进一步加强电信业市场管理意见>的通知》(误)

《国务院批转关于邮电部关于进一步加强电信业市场管理意见的通知》(误)

《国务院批转邮电部关于进一步加强电信业市场管理意见的通知》(正)

(2) 发布通知的行文对象不准确。主要表现在:没有注意隶属关系而胡乱行文,主送机关与抄送机关不准确。

如某市编委发布了《关于核定××××××编制总额的通知》,主送各县委,这是一种没有注意隶属关系而在确定主送机关时出现错误的拟写现象,正确的主送机关应该是各县编委。

(3) 发布的通知在内容上表述不准确,让被告知者无所适从。例如,在写明执行机关时太笼统,不具体;在写明具体对象时外延过大,对对象界定不明确等。

(4) 没有注意行文上下文的逻辑性,从而自相矛盾,容易让人理解错误或无法理解。

4.5.5 案例模板1:事项性通知

事项性通知是一种主要用来传达信息的通知,这一类通知并不要求被告知者去执行和处理。如表 4-11 所示,这是一篇事项性通知的模板,有助于帮助读者掌握其写作技巧和模式。

表 4-11 事项性通知的模板

标 题		国务院办公厅关于××××年部分节假日安排的通知
发文字号		国办发明电〔××××〕×号
主送机关		各省、自治区、直辖市人民政府,国务院各部委、各直属机构:
正文	开头	经国务院批准,现将××××年元旦、春节、清明节、劳动节、端午节、中秋节和国庆节放假调休日期的具体安排通知如下。

续表

正文	主体	一、元旦：×月×日放假，×月×日(星期一)补休。 二、春节：×月×日至×月×日放假调休，共7天。×月×日(星期日)、×月×日(星期六)上班。 三、清明节：×月×日至×月×日放假调休，共3天。×月×日(星期六)上班。 四、劳动节：×月×日放假，与周末连休。 五、端午节：×月×日至×月×日放假调休，共3天。×月×日(星期六)上班。 六、中秋节、国庆节：×月×日至×月×日放假调休，共8天。×月×日(星期六)上班。
	结尾	节假日期间，各地区、各部门要妥善安排好值班和安全、保卫等工作，遇有重大突发事件，要按规定及时报告并妥善处置，确保人民群众祥和平安地度过节日假期。
落款		国务院办公厅 ××××年×月×日

【分析】这是一篇关于年度假期安排的事项性通知。这篇通知值得读者借鉴的地方包括：

(1) 格式正确。这篇通知无论是标题的拟写，还是主送机关的标注，抑或是正文的安排和落款的格式，都是极为规范的。

(2) 用语准确、清晰。通知采用分条列项的手法，用简练、准确的语言进行陈述，并在结尾对假日期间的工作做了妥善的安排。全文层次分明，通俗易懂。

4.5.6 案例模板2：指示性通知

指示性通知一般适用于上级机关指示下级机关如何开展工作的内容，具有突出的指导性特征。

下面以《国务院关于调整证券交易印花税中央与地方分享比例的通知》为例，具体介绍指示性通知的写作，如表4-12所示。

表4-12 指示性通知的模板

标　题	国务院关于调整证券交易印花税中央与地方分享比例的通知
发文字号	国发〔××××〕×号
主送机关	各省、自治区、直辖市人民政府，国务院各部委、各直属机构：

续表

正文	改革开放以来，我国证券交易市场有了很大的发展，证券交易规模不断扩大，证券交易印花税也有了较大幅度的增长。为进一步规范证券交易市场，妥善处理中央与地方的分配比例，增强中央宏观的调控能力，国务院决定，自×××× 年×日×日起，将证券交易印花税分享比例由现行的中央与地方各×%，调整为中央×%、地方×%。有关地区和部门要从全局出发，继续做好证券交易印花税的征收管理工作，进一步促进我国证券市场的健康发展。
落款	中华人民共和国国务院 ××××年×月×日

【分析】这是一篇指示性通知，主要是针对证券交易印发税的分享比例进行调整而发布的通知。由于内容比较单一，因而正文中采取的是一段贯通式的写作手法。

首先交代了发布通知的背景和目的：是基于证券交易市场的发展和证券交易印花税增长的情况，为了增强中央宏观调控能力而发布的。

然后条理清楚地交代了具体的调整情况，以及相关部门的应办事项和处理要求，要求它们贯彻执行。

4.6 通报

通报是一种下行文，是上级机关将表彰、批评、情况等对下级机关作出说明的公文文种，在日常生活中有着广泛应用。下面将针对通报的各个方面进行说明，以便深入了解和熟练拟写通报。

4.6.1 基本常识

通报是上级机关把有关的人和事告知下级机关的公文文种。关于通报，具体内容如图4-5所示。

通报按照不同的角度可分为不同的类型，具体如图4-6所示。

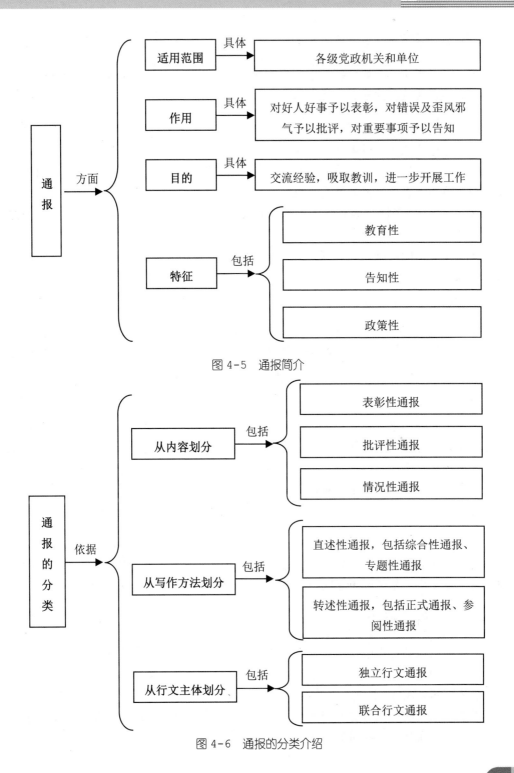

图 4-5 通报简介

图 4-6 通报的分类介绍

4.6.2　格式要点

在一篇通报中，一般包括标题、成文日期、主送机关、正文和落款五个部分。每一个部分都有其特有的格式，具体如下。

1．标题

通报标题的拟写有以下几种形式：

（1）"发文机关+事由+文种"形式：这一标题形式把三个要素全部体现了出来，如《国务院关于表扬××××的通报》。

（2）"事由+文种"形式：这一标题形式相较于上一种形式而言，对发文机关做了省略处理，如《关于表彰××××年度先进单位和个人的通报》。

（3）除了上面两种比较正式的形式外，有时还会视情况拟写标题，如以"通报"为名。

2．成文日期和主送机关

在通报中，这两个部分并不是每一篇通报都具备的或有着固定位置的，如有些通报会把成文日期置于落款中，而不单独标注；有些通报不会注明主送机关，这些都是允许的。可见，通报在格式上是比较自由的。

3．正文

内容不同的通报其正文部分也有所不同，总的说来，正文部分可分为三个部分，即提出问题、分析问题和解决问题，这是每一篇通报必须重视和说清楚的内容。一般说来，无论是什么内容的通报，首先应该对发出通报的缘由简单介绍，然后具体介绍通报的事项，最后提出要求和希望等，这些是大多数公文文种都应该陈述的内容，通报也是如此。

4．落款

这一部分的发文机关、发文机关印章和发文日期是大多数通报都具备的，只有当前面有了发文字号才可以在落款处省略标注发文机关及其印章。

4.6.3　写作技巧

在拟写通报的过程中，拟写者应该掌握一定的写作技巧，才能利用最少的时间完成一篇优秀的通报拟写。因此，写作过程中主要应该从其内容、语言和叙述上进行把握，具体内容如图4-7所示。

当然，不同的通报有着不同的写作手法，拟写者可以参考后文的案例模板进行思考和拟写，从而具体掌握通报公文的拟写。

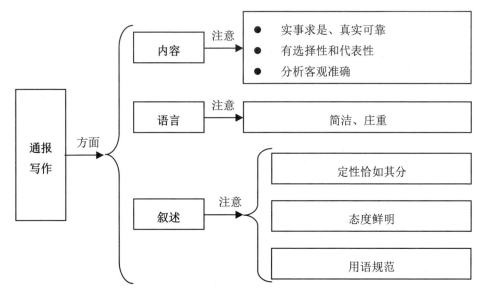

图 4-7 通报写作的技巧和注意事项

4.6.4 通报、通知、通告的区别

关于通报、通知和通告的区别,主要可从三个方面具体分析,如表 4-13 所示。

表 4-13 通报、通知和通告的区别

主要方面		具体内容
内容	通报	其内容主要是对情况进行告知,一般是在事情发生之后发布
	通知	两者内容主要是对具体事项进行告知,一般发生在事前或事初
	通告	
范围	通报	主要用作内部行文,其告知对象是相关单位
	通知	
	通告	为周知性行文,一般公开发布,其告知对象具有广泛性
用途	通报	一般用来表彰先进、批评错误和传达重要事项
	通知	可用于公文的批转、转发,干部的任免、规章的发布等内容
	通告	通报和通知的上述功能是通告所不具备的

4.6.5 案例模板1：表彰性通报

"表彰性通报"，即对先进单位或个人就某一事项进行表彰的通报。一般来说，表彰性通报主要是在介绍先进事迹的同时对表彰决定进行陈述，最后再提出希望和要求。

下面以《关于表彰××××年度先进集体和先进个人的通报》为例，具体介绍表彰性通报的写作模式，如表4-14所示。

表4-14 表彰性通报的模板

标题		关于表彰××××年度先进集体和先进个人的通报
主送机关		下属各局、本局各股室、各乡(镇、街道)×××事务所：
正文	主体	××××年，在县委、县政府的正确领导下，在上级业务部门的精心指导下，经过本系统和各乡(镇、街道)××××事务所全体工作人员的共同努力，我系统圆满地完成了各项工作任务，取得了较好的成绩，涌现出了一批先进集体和个人。现特对获得省、市、县表彰的×个先进集体、×个先进个人和本系统×个先进股室、×个先进窗口、×个先进劳动保障事务所和×个先进个人进行通报表彰。 一、省、市、县先进集体、先进个人(略) 二、本系统先进集体、先进个人(略)
	结尾	希望以上受到表彰的先进集体和先进个人再接再厉、开拓进取，开创×××发展新局面。同时，希望各单位、全体人员以先进为榜样，扎实工作，为我县×××工作再上新台阶和全县经济发展、社会稳定作出新的贡献！
落款		×××人事劳动和社会保障局 ××××年×月×日

【分析】这是一篇表彰先进单位和个人的通报。通报主要对先进单位和个人进行介绍，并提出希望，是一种比较普遍的表彰性通报的写作。它在说明具体事项的同时，以高度概括的语言、饱满的激情对全体人员接下来的工作提出了希望。

4.6.6 案例模板2：情况性通报

情况性通报，是在传达情况和信息的过程中让人们了解事态发展的全局，以便为接下来的工作开展提供指导的公文文种。这一类通报一般内容比较多，需要拟写者注意其陈述的逻辑性和层次性。

下面以《国务院办公厅关于第一次全国政府网站普查情况的通报》为例,具体介绍情况性通报的写作模式,如表4-15所示。

表4-15 情况性通报的模板

标题		国务院办公厅关于第一次全国政府网站普查情况的通报
发文字号		国办函〔××××〕×号
主送机关		各省、自治区、直辖市人民政府,国务院各部委、各直属机构:
正文	开头	为进一步做好全国政府网站信息内容建设有关工作,有效解决政府网站"不及时、不准确、不回应、不实用"等问题,维护政府公信力,××××年×—×月,国务院办公厅组织开展了第一次全国政府网站普查。现将有关情况通报如下:
	主体	一、总体情况 《国务院办公厅关于开展第一次全国政府网站普查的通知》(国办发〔×××〕×号)印发后,各地区、各部门高度重视,迅速行动,确保普查工作顺利推进。通过普查,基本摸清了全国政府网站底数,有效解决了群众反映强烈的政府网站"僵尸""睡眠"等问题,政府网站管理服务水平不断提高,社会公信力稳步提升,正在成为各级政府提升治理能力、推进"互联网+政务服务"的重要平台。 (一)摸清了全国政府网站底数,实现整体达标合格。(略) (二)提高了政府网站管理服务水平,有序推进集约化建设。(略) (三)建立了政府网站基本信息数据库,社会公信力稳步提升。(略) 二、整改工作的成效 各地区、各部门对普查中发现的问题认真查找原因,着力推进整改。通过整改,全国政府网站信息不更新、内容严重错误、咨询信件长期不回复、服务不实用等问题明显减少。 (一)信息更新更加及时。(略) (二)内容准确性普遍提高。(略) (三)互动回应情况明显改善。(略) (四)办事功能不断完善。(略) 三、需要进一步解决的问题 在全国政府网站建设管理水平大幅提升的同时,一些政府网站仍存在需要进一步解决的问题。主要是: (一)部分基层网站仍不合格,少数网站问题严重。(略)

续表

正文	主体	（二）个别地方检查走过场、整改不彻底。(略) （三）一些网站便捷性、实用性亟待提升。(略) 四、下一步工作要求 各地区、各部门要高度重视，加强对政府网站建设和管理工作的领导，并针对普查发现的问题举一反三，进一步查漏补缺，加大对本地区、本部门网站的检查力度，巩固普查成效，避免出现整改不彻底、问题反弹等情况。要切实把办好政府网站提升到服务人民群众、提高治理能力、提升政府公信力的高度，加强督查考核，按照推进"互联网+政务服务"的工作要求，扎实推动各级政府网站持续健康发展。
	结尾	对本次通报的网站问题，各有关地区和部门要采取有力措施进行整改，并于××××年×月××日前将整改情况书面报送国务院办公厅政府信息与政务公开办公室。
附件说明		附件：1.×××××××× 　　　2.×××××××××× 　　　3.××
落款		国务院办公厅 ××××年×月×日

【分析】 这是一篇情况性通报，主要针对全国政府网站普查情况这一主题进行介绍。全篇在开头介绍了发文的缘由和依据，引出主体内容。在正文的主体部分，这篇通报以概括性的语言，从全局出发进行综合介绍。为了更好地说明情况，全篇分为四个部分，即整体情况、整改工作的成效、需要进一步解决的问题和下一步的工作要求，采用分项介绍方式，遵循叙述逻辑，让读者清楚地明白全篇"写的是什么"。

4.7 意见

意见，即人们对事物的看法、想法等，这一概念延伸到文体中，表示一种对重要事项提出见解和办法的公文文种。下面就对这一文种的相关内容进行具体介绍。

4.7.1 基本常识

意见作为一种使用范围广泛的公文文种，既可用于上行文，也可用于下行文和平行文，具体内容如下。

- 上行文意见：是请示性公文的一种，针对这一类意见，上级机关应作出处理和答复；

- 下行文意见：针对公文内容要求的明确与否，可采取遵照执行或参照执行的方式进行办理；
- 平行文意见：适用于平行文的意见一般是为对方提供参考的公文文种。

基于意见被应用到众多方面，其在应用发展的过程中形成了不同种类。具体来说，从其性质和内容方面来看，意见可分为两类，即适用于上行文的原发性意见和适用于下行文的贯彻性意见，具体内容如下。

(1) 原发性意见：这一类意见是下级机关针对重要问题进行探索而得出见解和看法，并将这些见解和看法以公文的形式呈献给上级机关的公文文种。

(2) 贯彻性意见：这一类意见主要是上级机关以某一精神或某一问题为核心，要求下级机关遵照执行或参照执行的公文文种。

在了解了意见种类的情况下，接下来介绍意见的主要特点，以便对意见这一文种进行判断和甄别。

关于意见的特点，重点可从三个角度进行理解，如图 4-8 所示。

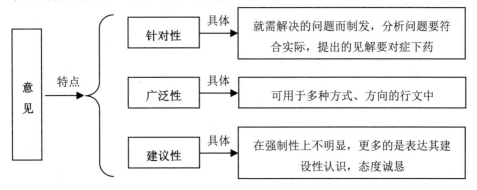

图 4-8 意见的主要特点

4.7.2 格式要点

意见就其必要的组成部分来说，一般是指标题和正文，至于发文字号、主送机关和落款等都应视情况而定。下面就其必要组成部分一一进行介绍，具体内容如下。

1. 标题

与一般的法定公文一样，它主要有以下两种基本形式：

(1) "发文机关+事由+文种"形式：这一类标题如《国务院关于推进安全生产领域改革的意见》。

(2) "事由+文种"形式：这一类标题如《加快发展旅游业的意见》。

2. 正文

意见的正文一般由开头、主体和结尾组成，具体内容如图 4-9 所示。

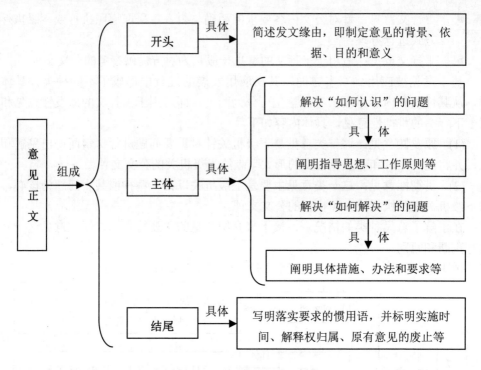

图 4-9　意见正文的具体内容

4.7.3　写作技巧

掌握一定的写作技巧对于拟写意见有着非常重要的作用。一般说来，主要包括以下技巧：

1. 严格区分其使用界限

意见与"请示""指示性通知"和"函"等是有区别的，拟写者要加以注意。如向上级机关提出"解决办法""政策"等要求才用意见，假如是"人、财、物"等，就应该用"请示"。又如不相隶属机关之间相互行文，对涉及见解和办法的内容，当仅供对方参考而不需回复时才用"意见"，否则需用"函"。

2. 注意内容的针对性和可行性

意见的内容是为针对某一特定事项而言的，因而其在拟写内容时要注意围绕一个主题来写，且针对这一主题提出的见解和建议应该符合实际，切实可行。

3. 选题要慎重，注意其政策性

在拟写意见之前的选题过程中，拟写者应该根据国家的规章、政策来选题，并把相关政策作为意见的指导思想,精准把握问题的本质和写作的规律。

4. 用语要得体,结构要明朗

意见在用语方面,应该根据其行文方向的不同加以区别,具体内容如下:
- 上行意见:注意语气的谦敬;
- 下行意见:注意语气的严肃;
- 平行意见:注意语气的谦和。

意见在结构方面,应该要围绕问题层层深入,展现分析和解决问题的脉络,把要表达的问题按照内在规律和结构一项项地表达清楚,让读者能迅速明白应该"怎么办"的问题。

4.7.4 案例模板:贯彻性意见

从内容上来看,指导性意见就是指领导机关为了指导下级机关工作的实施而提出的意见,表现出具体的原则性和方向性。

下面以《国务院关于解决城市低收入家庭住房困难的若干意见》为例,具体介绍指导性意见的写作模式,如表4-16所示。

表4-16 贯彻性意见的模板

标题		国务院关于解决城市低收入家庭住房困难的若干意见
发文字号		国发〔××××〕×号
主送机关		各省、自治区、直辖市人民政府,国务院各部委、各直属机构:
正文	开头	住房问题是重要的民生问题。党中央、国务院高度重视解决城市居民住房问题,始终把改善群众居住条件作为城市住房制度改革和房地产业发展的根本目的。×多年来,我国住房制度改革不断深化,城市住宅建设持续快速发展,城市居民住房条件总体上有了较大改善。但也要看到,城市廉租住房制度建设相对滞后,经济适用住房制度不够完善,政策措施还不配套,部分城市低收入家庭住房还比较困难。为切实加大解决城市低收入家庭住房困难工作力度,现提出以下意见:
	主体	一、明确指导思想、总体要求和基本原则 (一)指导思想。…… (二)总体要求。…… (三)基本原则。…… 　　二、进一步建立健全城市廉租住房制度

续表

正文	主体	(四)逐步扩大廉租住房制度的保障范围。…… (五)合理确定廉租住房保障对象和保障标准。…… (六)健全廉租住房保障方式。…… (七)多渠道增加廉租住房房源。…… (八)确保廉租住房保障资金来源。…… 三、改进和规范经济适用住房制度 (九)规范经济适用住房供应对象。…… (十)合理确定经济适用住房标准。…… (十一)严格经济适用住房上市交易管理。…… (十二)加强单位集资合作建房管理。…… 四、逐步改善其他住房困难群体的居住条件 (十三)加快集中成片棚户区的改造。…… (十四)积极推进旧住宅区综合整治。…… (十五)多渠道改善农民工居住条件。…… 五、完善配套政策和工作机制 (十六)落实解决城市低收入家庭住房困难的经济政策和建房用地。…… (十七)确保住房质量和使用功能。…… (十八)健全工作机制。…… (十九)落实工作责任。…… (二十)加强监督检查。…… (二十一)继续抓好国务院关于房地产市场各项调控政策措施的落实。……
	结尾	(二十二)凡过去文件规定与本意见不一致的,以本意见为准。
落款		国务院 ××××年×月×日

【分析】 这是一篇指导性意见,主要是针对如何解决城市低收入家庭住房困难的问题提出一些指导性的见解和建议。

在正文部分,这篇意见首先遵循"突出政策性"的要求,对提出意见的指导思想、基本原则和总体要求做了陈述,帮助读者了解问题的本质。

然后从健全、改进制度方面入手,对解决城市低收入家庭住房困难的问题在制度上予以保障。然后基于制度的完善,努力在改善住房条件方面下功夫。针对上述两个制度方面的意见和一个住房条件方面的意见,拟写者又分别分为 18 条来进行说明,全面地对如何解决问题提出了指导性意见。

最后，对原有意见的废止情况作了说明，以便明确下级机关实施的标准。

4.8 报告

在实际工作中，每一项工作或任务的完成，都应该以报告的形式对其基本情况、经验教训、存在的问题和设想等进行介绍，以便上级领导机关了解相关情况。下面将对报告的基本内容进行介绍，从而帮助读者掌握报告详情和写法。

4.8.1 基本常识

在报告的广泛应用中，主要体现了三个方面的用途，如图4-10所示。

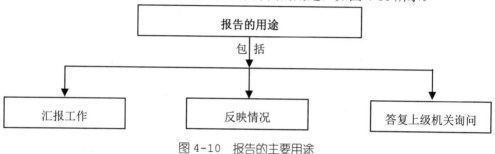

图4-10 报告的主要用途

从上图中展现的用途可知，报告是一种上行文文种。这一公文文种具有四个方面的特点，具体内容如图4-11所示。

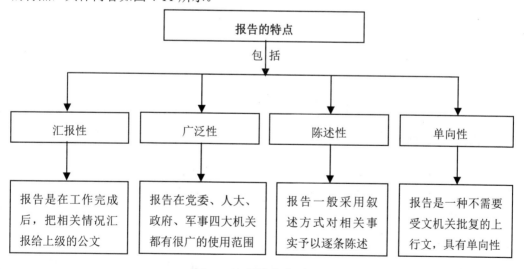

图4-11 报告的主要特点

4.8.2 格式要点

在格式方面，报告主要包括标题、主送机关、正文和落款等部分，下面分别进行介绍。

1. 标题

报告的标题也分为"发文机关+事由+文种"和"事由+文种"两种形式，与上文中介绍的公文文种类似。但要注意的是，报告不能以文种"报告"来单独命名。

2. 主送机关

在主送机关的标注上，报告一般只有一个直接上级机关，因而，其在标注主送机关时也只对其加以注明。

3. 正文

报告的正文按其结构来分，也是由开头、主体和结尾三个部分组成。其中开头部分主要是对报告的目的、根据或意义进行说明。而在结尾部分，报告或是以简短的文字概括全文，或是以"请审核""请查收""特此报告"等惯用语结束全文。

至于其主体部分，一般对某种情况作出报告的，主要应包括三个方面的内容，即具体情况、针对出现的情况进行说明以及最后得出结论。在这三个部分中，一般来说，对具体情况的汇报部分是必不可少的内容，其他两方面的内容可根据具体情况而定。

当然，当汇报的内容较多且复杂时，可以以分条列项或小标题的形式来安排报告结构，并在逻辑上以从主到次的顺序排列。

4. 落款

报告的落款一般包括 3 个方面的内容：发文机关名称、印章和发文日期。然而在标题中出现了发文机关名称的，此处可省略。

4.8.3 写作技巧

作为一种在不同机关都有着广泛应用的公文，应把报告和其他相似性文种区分开头，并掌握写作技巧，才能写出一篇合乎规范、优秀的报告。关于报告的拟写，应注意的事项和技巧如下。

1. 不应夹带请示事项

请示与报告一样，都是一种上行文文种，因此，很多拟写者容易在报告中把一些表示请示的话语夹带在内容中，如在结语部分写上"以上报告妥否，请指示"，就是完全没有意义和错误的。

因此，针对一些请示事项，拟写者可以单独用"请示"行文，而不是夹带在报告中。把请示事项夹带在报告中的拟写行为，不仅造成了报告拟写的失误，还有可能给上级机关带来不便，影响其工作。

2．应注意主题的把握

每一篇文章都是有一个主题的，报告也是如此。因此，关于报告的主题，应该注意两个方面的问题：

一是要注意发现新主题，即用来表现主题的材料和观点体现新颖性和价值性，而不是千篇一律地采用固定形式和老套的观点。

二是要注意主题的需要和观点要与材料保持一致，也就是说，文中所提及的材料不能胡乱拼凑，而是能充分地展现主题思想和观点，从而让文章的思路清晰可现。

3．应注意陈述的真实

报告的内容必须是真实的，特别是关于提供的材料和数据，必须是有据可查的，不能胡乱编造。这是上级机关通过报告掌握各方面的动态和变化，从而准确地做出决策的重要依据。只有保证陈述的真实，才能为决策的科学性和正确性提供助力。

4．应注意语言的简练

报告的语言必须是简洁的，只要把主要的事项讲清楚，利用总结性的话语准确地表达出来，才能突出重点，而不是一味地以空话、套话来敷衍。

4.8.4 案例模板1：汇报性报告

作为汇报性报告，它一般是用来向上级汇报工作、反映情况的。根据具体内容，可分为就工作或事项的全面情况进行报告的综合性报告和就某工作或某事项的某个方面进行报告的专题性报告。

下面以《关于雨雪冰冻受灾情况的报告》为例，具体介绍汇报性报告的写作模式和技巧，如表4-17所示。

表4-17 汇报性报告的模板

标 题		关于雨雪冰冻受灾情况的报告
主送机关		×联社：
正文	开头	从元月×号以来在××先后出现了×次降雪，××的灾情较为严重，全×共有××万人不同程度的受灾，将近有××万亩农田受到灾害的影响，倒塌房屋××多间，冰雪灾害给全×人民的生产生活带来了极大的不便。全社同心协力，把支持抗灾救灾作为重要工作，并积极组织人员开展了自救。现将有关情况报告如下：

续表

正文	主体	一、辖内受灾网点情况 全社共有营业网点××个，虽然营业房屋没有出现倒塌现象，但部分网点水管水表冻裂，地板、墙面不同程度受损，信用社承担了经济损失。 二、灾后及春节期间"三保"工作情况 (一)高度重视"三防"工作。…… (二)强化安全意识。…… (三)注意行车安全。…… (四)尽量减少各类会议和培训。 (五)确保营业网点安全。…… (六)搞好便民服务。…… 三、支持抗灾、救灾情况 制定下发了《××联社××年信贷工作意见》，召开了信用社主任会议及分管信贷工作副主任专题会议，对支持农民、农户抗灾救灾工作进行了全面部署。雨雪天气结束后，全社××多名信贷员即背包下乡，开始走村串户对所有贷款户及有贷款需求的农户、企业进行了全面摸排，掌握了第一手资料。
	结尾	特此报告。

【分析】这是一篇专题性的汇报性报告，主要是市联社针对辖区内的雨雪冰冻受灾情况的报告。

全篇采用了报告写作的通用规则，即"三段式"的写作模式："情况——做法说明——总结"，做到了报告事项的层次清晰、主题突出。

通过开头的报告背景和情况的简述，再加上主体部分的"三段式"，使得全篇在冰雪冰冻受灾情况方面的工作汇报有着清楚的脉络，语言简练朴实，陈述简明扼要，观点鲜明，是一篇汇报性报告的佳作。

4.8.5 案例模板2：答复性报告

答复性报告是答复上级询问的一种报告类型，表现出更强的针对性和方向性，重点是对上级机关提出的问题抓住主题、逐条予以答复。

下面以《××人民政府关于××水环境整治问题的报告》为例，具体介绍答复性报告的写作模式和技巧，如表4-18所示。

表 4-18 答复性报告的模板

标题		×× 人民政府关于 ×× 水环境整治问题的报告
主送机关		×× 人民政府：
正文	开头	×政府转来××委员会提出的《关于××水环境整治问题的报告》，经×政府研究，对报告中提出的有关问题及解决方案报告如下：
	主体	一、加强源头污染治理工作。要通过调整产业结构和工业布局，加强工业点源、农业面源和内源污染治理，争取在"源头"治理上取得突破。…… 二、加大河道联合执法力度，强化水环境监管体系建设。严查重点污染源垃圾直排或倾倒入河案件，进一步完善环境监察与环境监测联动机制，打击各类环境违法行为。…… 三、加快污水处理设施建设，充分发挥污水处理厂的处理效益。深入实施《印发××市"十二五"主要污染物总量控制规划的通知》，加快污水处理设施的建设进度。……
落款		×××人民政府(盖章) ××××年×月×日

【分析】这是一篇答复性报告，主要是对水环境整治问题这一情况的答复。全篇首先点出拟写报告的原因和依据，然后针对提出的水环境整治问题分三条进行介绍。在其正文主体部分，摆脱了"三段式"的写作模式，更显得新颖和灵活，且这三个方面从源头整治、执法监督到污水处理设施建设，从主到次，让上级迅速明白解决这一问题的措施和重点。

4.9 请示

请示是一种请求性公文，是一种比较常用的上行文公文。它主要是下级机关向上级机关就解决某种问题或批准某一事项而运用的文体。下面将从多个方面详细介绍请示的基本内容，以便读者熟练掌握请示的拟写。

4.9.1 基本常识

虽然请示应用得比较广泛，但并不是所有属性为请求类的文本内容都可应用请示。一般说来，"请示"必须具备三个基本条件，如图 4-12 所示。

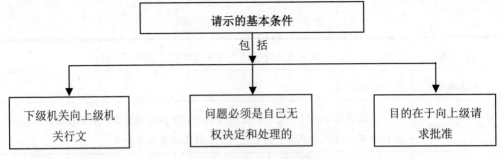

图 4-12　请示的基本条件

请示也是有着不同种类的，从其内容和写作意图的不同，可分为三类，具体如下。

(1) 请求指示性请示：这一类请示主要是政策性问题方面的请示，一般包括对政策规定的做出解释的请示、对灵活处理的问题做出审查的请示、对处理突然出现的问题做出指示的请示。其目的是获得相关问题的指示性观点。

(2) 请求批转性请示：这一类请示主要是针对不在自己职权范围内但又需要有关方面协同办理的内容而做出的。其目的就是请求上级机关审定后批转执行。

(3) 请求批准性请示：这一类请示是针对某些事项向上级行文请求批准而做出的。其目的为通过批准获得解决某些困难的人、财、物等方面的支持。

上面已经介绍了请示的主要类型，接下来将就请示的主要特点进行分析。就请示的内容和性质来说，它具有四个方面的特征，具体内容如下。

- 内容的请求性：请示是为了某一事项或问题而请求指示、批准的公文。
- 结果的求复性：请示要求上级机关给出批示和答复。
- 成文的先行性：请示必须事前行文，且需待上级领导机关批复后才能实行。
- 形式的单一性：请示在行文方向(上行文)、内容(一文一事)和主送机关(只送达一个上级机关)三个方面具有单一性。

4.9.2　格式要点

请示的结构一般包括标题、主送机关、正文和落款四个部分，具体内容如下。

1. 标题

请示的标题也可分为两种拟写模式：

(1) "发文机关+事由+文种"形式：如《农业局请求转发<进一步完善农村土地承包关系工作方案>的请示》

(2) "事由+文种"形式：如《关于增设秘书专业的请示》。

2. 主送机关

与其他公文相比，请示的主送机关只有一个，而不是多个。

3. 正文

请示的正文按照开头、主体和结尾划分，一般分别写成陈述请示的缘由、说明请示的具体事项和运用请示习惯用语结束全篇。

开头的请示缘由部分，是上级机关有针对性批复的依据，这一部分是必不可少的。

主体的请示事项部分，是具体陈述请示内容，需拟写清楚，以便上级领导机关予以答复。

结尾的惯用语部分，一般写成"当/妥否，请批示/复""以上请示，请予审批"等，这也是请示的必要部分，否则，就失去了请示本身所具备的功能。

4. 落款

与其他公文一样，其落款一般也包括两个方面的内容：发文机关和成文日期。当然，如果已在标题中写明了发文机关的，此时可不用再次标注，但需加盖单位公章。

4.9.3 写作技巧

在拟写请示的过程中，必须注意一些必要原则和技巧，才能在拟写时游刃有余，顺利成文。

首先，拟写者应该注意请示的六大写作原则，具体如图 4-13 所示。

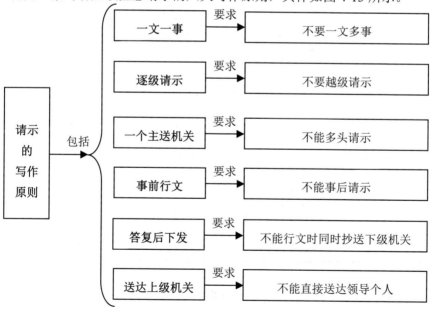

图 4-13 请示的写作原则介绍

在遵循请示原则的基础上，拟写者在写作过程中还应该掌握一定的写作要求和技巧，具体如图 4-14 所示。

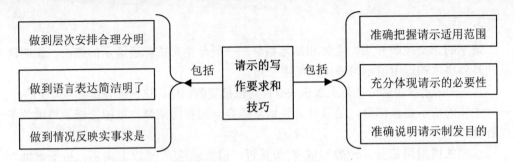

图 4-14　请示的写作要求和技巧

4.9.4　报告与请示的区别

报告与请示都是一种针对具体事项或情况向上级领导机关行文的公文文种，两者之间既有联系又有区别。在此主要介绍两者之间的区别，以便读者更好地掌握报告和请示的拟写，如表 4-19 所示。

表 4-19　报告和请示的区别

区　　别		具体内容
内容方面	报告	内容广泛，可一文一事，也可对多方面情况进行反映，但不能夹带请示事项，也不能误用请示惯用语
	请示	必须一文一事
回复情况	报告	主要用来反映情况，上级机关不一定给予回复
	请示	主要是请求上级机关指导和批准的，因而要求给予回复
行文时间	报告	涉及事项正在发送或已过去，故为事中或事后行文
	请示	涉及事项是未发生的，故为事前行文
处理时间	报告	以批转性报告为例，它可在上级机关未答复前进行事项处理
	请示	以批准性请示为例，它无权在上级机关未答复前进行办理

4.9.5　案例模板1：请求批准性请示

请求批准性请示一般是对某一事项要求上级领导机关批准的请示。下面以《关于实施××××年××市农机事故应急救援预案演练工作的请示》为例，具体介绍请求批准性请示的写作模式，如表 4-20 所示。

表 4-20　请求批准性请示的模板

标题	关于实施××××年××市农机事故应急救援预案演练工作的请示
主送机关	××市人民政府：
正文	根据××市人民政府办公厅关于开展××××年市级应急演练项目的通知精神，我局已制定了××××年××市农机事故应急救援预案演练工作程序(剧本)，请市政府批准实施。
附件说明	附件： 1. ××××年××市农机事故应急救援预案演练工作程序 2. ××××年××市农机事故应急救援预案演练现场会议程
落款	××市农业机械化管理局 ××××年×月×日
附件	附件1： 　　　　　　(略) 附件2： 　　　　　　(略)

【分析】这是一篇请求批准性请示，主要是请求批准实施应急救援预案演练工作。其正文部分非常简练，一句话说明了正文三个组成部分的内容，把请示的缘由和依据、请示的事项和惯用语都囊括了，简明扼要，又清楚地说明了针对请示所有说明的事项。并就演练工作的具体情况加了两个附件进行说明，方便了上级领导机关了解具体情况。

4.9.6　案例模板2：请求批转性请示

当下级机关对不在自己职权范围内又需要相关方面协同办理时，此时可通过拟写请示，请求上级领导机关批转办理，这就要用到请求批转性请示的公文了。

下面以《关于××××年在全国范围内开展国有资产产权登记工作的请示》为例，具体介绍请求批转性请示的写作模式，如表 4-21 所示。

表 4-21 请求批转性请示的模板

标题		关于××××年在全国范围内开展国有资产产权登记工作的请示
主送机关		国务院：
正文	开头	根据《国务院关于加强国有资产管理工作的通知》(国发〔××××〕×号)中有关对国有资产进行产权登记(以下简称产权登记)的精神，我们于××××年×月发布了《国有资产产权登记管理办法(试行)》，要求各地、各部门结合实际情况组织试点。目前已有×个省、自治区、直辖市和部分国家机关开展了产权登记工作。从试点情况看，开展产权登记，对……都起到了积极作用。 　　鉴于以上情况，我们建议，××××年可在全国范围内开展产权登记工作。为此，提出以下意见：
	主体	一、提高认识，加强领导。进行产权登记，是保卫国有资产的重要措施，是实施国有资产所有权管理的一项基础工作。(略) 　　二、产权登记的目的。这次产权登记，重点是解决企业、单位普遍存在的产权归属不清、定性不准、账实不符、国有资产流失等问题。(略)。 　　三、产权登记的范围。凡占用国有资产的企业和实行企业化管理的事业单位，都必须办理产权登记。(略) 　　四、目前，国有资产局正会同有关部门制定《国有资产产权登记管理试行办法》。(略)
	结尾	以上请示如无不妥，请批转各地区、各部门执行。
落款		国家国有资产管理局 财政部 国家工商行政管理局 ××××年×月×日

　　【分析】这是一篇请求批转性请示，主要是针对在全国范围内开展国有资产产权登记工作这一事项请示上级领导机关批转执行。

　　对这一类请示而言，首先在开头的缘由部分就应该把请示的目的和批转执行的意义陈述清楚。本文用"试点"情况及其作用这一事实来为批转执行提供了依据，紧接着阐述请示的目的，并引出下文。

　　而在具体请示事项部分，本文分四条，从各个方面阐述了开展国有资产产权登记工作的情况，从认识、目的、范围和规章上提出了建设性意见。

　　请示的结束语是必要组成部分，不得缺失，否则就不能称之为"请示"。本文很好地遵循了这一拟写要求，在结尾处写上"以上请示如无不妥，请批转各地区、各部门执行"语句，卒章显志，表明了发文机关的要求，也表明了这一篇请示的性质。

而从落款部分来看，这明显是一篇联合行文的请示，以便明确涉及的区域和职权范围。

> **专家提醒**
>
> 在拟写请示时，拟写者还应该在一些细节方面加以注意，具体如下：
> (1) 请求拨款的批准性请示，应该在文后附加项目、事项的经费预算表，辅助说明。
> (2) 请求对规章制度进行批准的请示，应该在文后附加规章制度的内容，以便上级机关了解请示批准的规章制度的具体内容。
> (3) 请求上级领导做出处理的事项，在拟写请示时发文机关应首先表明本单位的态度。

4.10 批复

"批复"，顾名思义，即批示、答复，而作为一种公文文种的批复是上级机关用来答复下级机关的，它是与"请示"相对的一种公文。下面将对其各个方面进行具体介绍。

4.10.1 基本常识

每一篇请示都必须有批复，在请示的广泛应用中，批复也不少见。可见，广泛性也是批复的一个重要特点。那么，除了这一特点外，批复还有哪些方面的特点呢？具体内容如图 4-15 所示。

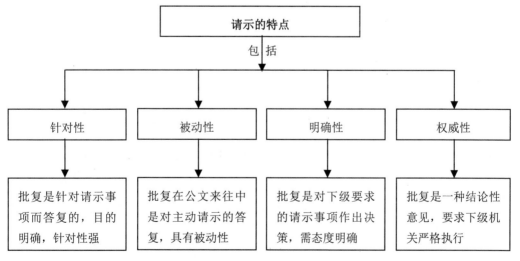

图 4-15 批复的主要特点

批复按其内容可分为三类，具体内容如下。

（1）指示性批复：这一类批复有些内容较多，篇幅较长，一般是对请示事项的执行或其他方面提出指示性意见的批复。

（2）审核性批复：这一类批复内容比较简单，篇幅较短，大多是对请示事项表明同意、需要修改和反对的态度。

（3）阐释性批复：针对请示中提出的有关法规政策方面的没有明白或不甚明白的问题作出阐释。

4.10.2 格式要点

从结构格式方面来看，批复与请示一样，也是由标题、主送机关、正文和落款组成的，具体内容如下。

1．标题

批复的标题与其他公文的标题存在一些区别，其具体写法如下。

（1）"发文机关+事由+文种"形式：这一类批复标题中的"事由"包括下级机关、请示事由和问题等方面，当所要批复请示的标题也包括这些方面时，那么批复的标题相当于"发文机关+请示原标题+文种"的形式。

（2）"发文机关+请示事项+文种"形式：这是一种在标题中注明请示事由的标题形式，如《国务院关于××远景目标的批复》。

（3）"发文机关+表态词+请示事项+文种"形式：在这一类批复标题形式中，读者从标题中就可了解上级机关对请示的态度，如《国务院关于同意存款保险制度实施方案的批复》。

2．主送机关

与请示相对，批复的主送机关即请示的发文机关。如果批复内容涉及其他机关和单位，那么应该用抄送的形式将批复送达它们。

3．正文

在批复的正文，包括开头、主体和结尾三个方面的内容，其中主体部分即对批复事项和内容进行陈述。而开头和结尾部分则有着不同的写法，如表 4-22 所示。

4．落款

批复的落款与其他公文一样，一般包括发文机关名称、成文日期和发文机关印章三项。

表 4-22　批复的开头和结尾写法

部　分	具体内容
开头	必须以引述请示的话来开头,一般为: (1)引述请示的日期和请示事项,如"××××年×月×日关于……问题请示收悉"; (2)引述请示的日期,如"××××年×月×日来文收悉"; (3)引述请示日期和发文字号,如"××××年×月×日……号文收悉"; (4)引述请示日期和名称,如"××××年×月×日《……的请示》收悉"
结尾	批复的正文结尾可写成三种形式: (1)省略结束语,答复完请示事项即结束; (2)用批复惯用语,如"此复""特此批复"等; (3)提出希望和要求,并加惯用语

4.10.3　写作技巧

在拟写批复的过程中,拟写者要从多个方面加以注意,才能让优秀的批复成文。如图 4-16 所示为拟写批复应该注意的问题和要求。

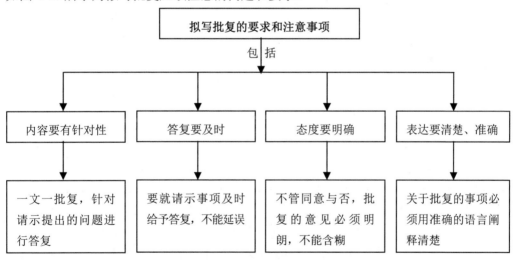

图 4-16　拟写批复的要求和注意事项

4.10.4　案例模板 1:指示性批复

指示性批复是与请示文种中的请求指示性请示相对的,是对请示中提出的请示事项提出指示性意见的批复。

下面以《国务院关于东北振兴"×××"规划的批复》为例,具体介绍指示性批复的写作模式,如表4-23所示。

表4-23 指示性批复的模板

标题		国务院关于东北振兴"×××"规划的批复
发文字号		国函〔××××〕×号
主送机关		国家发展改革委:
正文	开头	你委《关于报送〈东北振兴"×××"规划(修改稿)〉的请示》(发改振兴〔××××〕×号)收悉。现批复如下:
	主体	一、原则上同意《东北振兴"×××"规划》(以下简称《规划》),请认真组织实施。 二、《规划》实施要全面贯彻党的××大和××届×中、×中、×中、×中全会精神,深入学习贯彻×××总书记系列重要讲话精神,认真落实党中央、国务院决策部署。…… 三、辽宁省、吉林省、黑龙江省和内蒙古自治区人民政府要深化对全面振兴东北老工业基地重要性、紧迫性的认识,增强政治意识、大局意识、核心意识、看齐意识。…… 四、国务院振兴东北地区等老工业基地领导小组各成员单位、各有关部门和单位要围绕东北振兴重点领域研究制定具体政策。…… 五、国家发展改革委要加强综合协调与服务,会同有关部门对《规划》实施进行跟踪分析和督促检查,注意研究新情况、解决新问题、总结新经验。……
落款		国务院(盖章) ××××年×月×日

【分析】这是一篇指示性批复,重点在于对振兴东北规划提出指示性意见。

这篇批复的标题采取的是"发文机关+请示事项+文种"的形式,不至于让标题显得过长,又能清楚地让读者明白批复中包含的内容,是一种合适的标题拟写方式。

在正文部分,开头引述请示的标题和发文字号,并以"现批复如下:"引出下文。接着在主体部分分五项进行说明,首先明确态度,同意请示的组织实施,接下来四项都是对同意实施给予的指示性意见,从政策、规章方面给予总体指导。

4.10.5 案例模板2:审批性批复

审批性批复是对请示事项进行审核,并明确表示同意、修改和反对态度的公文。

因此，这一类批复的重点就在于上级领导机关是否同意请示事项。

下面以《关于××省撤销××县设立××市的批复》为例，具体介绍审批性批复的写作模式，如表4-24所示。

表4-24 审批性批复的模板

标　题	关于××省撤销××县设立××市的批复
发文字号	民行批〔××××〕×号
主送机关	××省人民政府：
正文	你省××××年×月×日《关于撤销××县设立××市的请示》和××××年×月×日的补充请示收悉。经国务院批准，同意撤销××县，设立××市(县级)，由省直辖，以原××县的行政区域为××市的行政区域，不增加机构和人员编制。
落款	××部(盖章) ××××年×月×日

【分析】这是一篇审批性批复，重点在于同意撤县设市的请示。

本文正文由两句话组成。前一句引述请示，表示批复的对象，并引出下文。后一句首先对请示的事项表示同意，态度明确，这一态度主要表现在两个方面：不仅用"同意"二字明确表达发文机关的态度，还把请示的事项在批复中明白地表示出来，进一步对批复的具体事项作出说明。

其实，这也是拟写批复应该注意的地方，不能因为批复是对请示的答复，而只纯粹以"同意"或"反对"等来表示，而不在批复中说明事项。

在表明态度后，接着还针对这一事项提出了要求，以便受文机关实施。

第 5 章

计划类公文：
条理清楚，科学可行

学前提示

　　计划类公文，即对未来工作进行计划性编写的公文，主要有工作要点、工作计划、方案、安排等。拟写计划类公文时，首先应该分清计划内容的类别，然后按照其特点和要求对工作业务进行具体的组织和安排方面的拟写。

要点展示

- ➢ 工作要点
- ➢ 工作计划
- ➢ 方案

5.1 工作要点

工作要点，即关于工作方面的要点，此时的"工作"一般是指未来的工作、计划等，也就是说，工作要点主要是针对未来工作、计划等作简要说明的事务性公文。本节将对工作要点的具体内容和案例模板等进行介绍，以便读者掌握。

5.1.1 基本常识

要想深入了解工作要点，首先应该明白工作要点的特点和种类等内容，具体如下。

1. 主要特点

工作要点作为一种计划类文书，具有五个特点，如图 5-1 所示。

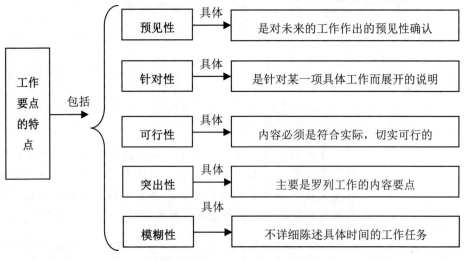

图 5-1 工作要点的主要特点

2. 主要类别

工作要点类别多种多样，具体内容如下。
(1) 从内容上来看，可分为学习活动、工作活动等工作要点。
(2) 从应用上来看，可分为部门、单位等制定的工作要点。
(3) 从时间上来看，可分为周、月、年等工作要点。

5.1.2 格式要点

工作要点是一种应用文体，在格式上有一些需要注意的事项，下面将从结构组成部分的角度来分别介绍工作要点的格式。

1. 标题

相较于法定类公文来说，工作要点是没有文头的，无法让读者一眼就明白其责任归属，因此，在其标题部分有必要加以标注。从这一方面来看，工作要点的标题主要应包括三个要素，即"发文单位+适用时间+文种"形式，如《×省×市×局××××年工作要点》。

2. 正文

与法定类公文不同，工作要点标题之后一般是正文，是没有发文字号和主送机关的。在工作要点的正文一般包括两方面的内容，即前言和要点概括。

(1) 前言。前言部分并不是所有的工作要点都有的，假如包含了前言，那么就应该在这一部分交代清楚拟写工作要点的意义、依据、指导思想和要求等。

(2) 要点概括。这一部分是正文的核心部分，是对各个要点内容的简单概括和逐条陈述。因此，在拟写要点正文部分时，应该注意：

- 各个要点是概括的，起提纲挈领的作用；
- 各个要点是分开的，无须过渡和对应；
- 内容的层次是灵活、跳跃性的；
- 思路结构上不一定连接，允许有跨度。

3. 落款

工作要点的落款部分要视标题而定。当标题中已经注明了制定的单位和时间，则没有必要再在文后加落款；否则，就需要注明。

5.1.3 写作技巧

尽管工作要点在层次结构和思路结构上存在很大的灵活性，但并不是其是胡乱组合而成的，它也需要遵守一定的原则和注意一定的写作技巧。

关于工作要点拟写需要掌握的原则，如图5-2所示。

在掌握和遵守图5-2中的原则基础上，拟写者还应该在以下方面加以注意。

- 在内容上，要体现出高度的概括性和针对性，既能让读者对未来的工作、计划有一个总体印象，又要把要点体现出来。
- 在语言上，要简洁、平实，把事项交代清楚即可，不用雕琢的语言。
- 在结构上，要条理清楚，能让读者明白你是以什么样的顺序写的。
- 在应用上，工作要点提出的措施要切实可行，并有所创新。

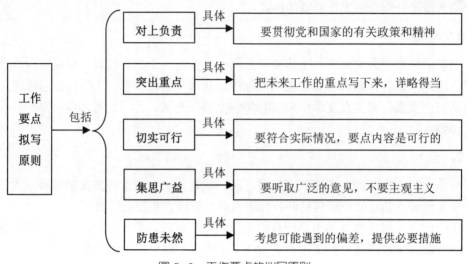

图 5-2　工作要点的拟写原则

5.1.4　案例模板 1：部门工作要点

在党和国家的各级各类机关中，关于未来的同一项工作，不同层级的部门和单位一般都会制定本部门和单位的要点，以便计划好工作。

下面以《农委××××年安全生产工作要点》为例，具体介绍部门工作要点的写作模板，如表 5-1 所示。

表 5-1　部门工作要点的模板

标题		农委××××年安全生产工作要点
正文	开头	××××年安全生产工作总体要求是：深入贯彻党的××大和××届×中、×中、×中全会精神，牢固树立安全发展理念，坚持人民利益至上，强化"红线"意识，以开展安全生产"铸安"行动为总抓手，……，有效防范和坚决遏制较大以上事故，大力促进全县农业安全生产形势持续稳定好转，确保"×××"安全生产工作开好局、起好步。
	主体	一、着力强化农业安全生产责任体系建设 1. 按照"党政同责、一岗双责、失职追责"的要求，严格落实一把手负总责、分管领导具体负责、领导班子成员安全生产"一岗双责"制，进一步明晰各方的监管职责，健全自下而上严密的责任体系，用制度落实、责任落实推进工作落实。 2. 改进和创新安全生产目标管理。…… 3. 强化问责。……

		续表
正文	主体	二、着力开展安全生产"铸安"行动 1. 深化"打非治违"专项行动。…… 2. 全面深化隐患排查治理。…… 3. 强力推进重点行业领域专项整治。…… 三、着力提升事故应急处置能力 1. 加强应急管理体系建设。…… 2. 完善预案管理工作。…… 四、着力推进安全宣传培训教育 1. 深入开展宣传教育培训。…… 2. 加强安全生产专业技术人才执法培训。…… 五、着力谋划科学制定安全发展规划 1. 做好农业安全生产"十三五"规划编制。……

【分析】这是一篇关于农业安全生产的工作要点。

文章开篇提出了制定工作要点的政策要求、指导思想和依据，以及未来的工作要求和目的，是全篇的导语部分。

接下来针对各个具体要点，拟写者分为五类来归纳和呈现：体系建设、"铸安"行动、应急处理能力、安全培训教育和制定安全发展计划。在正文部分，不仅对这五个大的方面简要概括，对具体的要点更是以简明扼要的语言来进行拟写，各个事项之间是没有衔接和过渡的，且只是提及"做什么事项"，避而不谈各个阶段、具体时间应该怎样具体实施。这篇工作要点完全掌握了拟写的精髓：谈而不详，点到即止。

5.1.5 案例模板2：行政工作要点

从工作要点的内容来说，它可以包括多个方面和方向的，既有行政方面的，也有企事业单位的，更有学习方面的。不同内容的工作要点拟写既有区别，也有联系。其中，行政方面的工作要点相较其他工作要点来说，更多地体现出指导性和政策性等。

下面以《××省××市卫计委××××年党风廉政建设工作要点》为例，具体介绍行政工作要点的写作模式，如表5-2所示。

表5-2　行政工作要点的模板

标题		××省××市卫计委××××年党风廉政建设工作要点
正文	开头	××××年全市卫生计生系统党风廉政建设和反腐败工作暨作风建设工作的总体要求是：深入学习……精神，按照……，坚持……，突出……，着力落实……，推进卫生计生事业健康发展。

续表

正文	主体	一、全面落实党风廉政建设"两个责任" (略) 二、加强对党的政治纪律和政治规矩的监督 (略) 三、健全权力监督制约机制 (略) 四、深入落实中央八项规定精神和省市"三十条"要求 (略) 五、切实加强源头管理和治理 (略) 六、强化党风廉政建设宣传教育 (略) 七、加大案件查办力度 (略) 八、加强自身和制度建设 (略)

【分析】这是一篇关于党风廉政建设的工作要点,在主体部分分为八个部分加以说明。

与上一案例一样,篇首指出了制定这一工作要点的指导思想和总体要求,在政策和思想的指导下,连续用"坚持""突出"和"着力落实"三个动词来陈述,然后对这一工作的目标提出了要求。

在正文主体部分,一段一个要点,层次清楚,内容集中,且具有很强的针对性和政策性,在陈述时简明扼要,所有要点中各个方面的要求和措施都是点到即止,而不是展开阐述,语言精练、规范。

5.2 工作计划

在开展工作的过程中,有一个合理的工作计划才能有序进行,才能达到事半功倍的效果。那么,在公文的应用文体中,工作计划到底是怎样的,应该怎样拟写?这些都是比较关键的问题。本节将具体介绍工作计划这一公文文种的内容和写作。

5.2.1 基本常识

"工作计划",即在工作开展之前拟定的关于具体内容和设计安排的公文文种,属于事务性公文范畴。

工作计划是一种在实际工作和生活中有着广泛应用的公文，有着不同的分类。工作计划存在不同的分类标准和方法，如内容、适用范围、时间、任务类型等。

以内容为例，工作计划可以分为：社会发展工作计划等的综合性计划，如生产工作计划等的单项计划。以任务类型为例，工作计划可分为日常工作计划、临时工作计划等。

可见，工作计划的类别是多种多样的，不可一概而论。

作为一种事务性预先拟定的文种，工作计划具有四个主要特点，如图 5-3 所示。

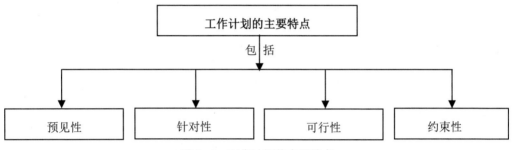

图 5-3　工作计划的主要特点

5.2.2　格式要点

标题、正文和落款三个部分构成了工作计划的主要内容或全部内容。那么，这三个部分的具体内容是什么，又有着怎样的意义？下面将对其一一进行介绍。

1. 标题

工作计划的标题从其组成要素来看，主要包括发文单位、时限、事由和文种，它们共同构成了工作计划的标题"四要素"。

2. 正文

工作计划的正文一般包括开头、主体两个方面的内容，其中开头部分是对工作计划指导思想的陈述，是工作计划的思想基础和依据。

至于正文的主体部分，应在三个方面予以具体介绍，如图 5-4 所示。

3. 落款

一般注明单位名称和时间。当工作计划需要上报和下达时，应加盖公章。

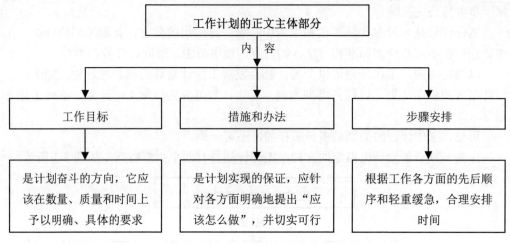

图 5-4　工作计划的正文主体部分

5.2.3　写作技巧

在写作工作计划的过程中,应该从三个方面加以注意,具体内容如下。

1. 实现上情与下情的紧密结合

这是从工作计划的内容来说的,一方面,对上级的政策、规定、要求了解清楚;另一方面,全面了解本单位、本部门的实际情况,然后找准上级要求与部门实际情况的切合点进行工作计划的安排和拟写。

2. 工作计划要切实可行

这是工作计划制定的标准。只有能够具体实施的计划才能称为"工作计划",否则就是空想。因此,保证工作计划的切实可行,就需要在内容上确定目标,并针对目标制定具体可行的措施。

3. 语言要求简明扼要

在语言表达上,工作计划要简练、具体明确。工作计划是给未来的工作提供具体实施的指导和方向的公文,它一方面要求读者能够看懂,了解工作安排;另一方面,它不是实施过程,不是越详细越好,需要用最精练的语言准确表达计划内容。

5.2.4　案例模板：年度工作计划

工作计划按照时间分类,可分为周、月、季度和年度等。其中,以一年时间为限的称为年度工作计划。这一类工作计划较周、月等工作计划更具大局性,一般来说,它或是从整体的指导思想、工作目标和具体措施等方面来描述,或是在指导思想、工作目标的基础上,以月等为单位,进行工作的具体安排。

下面以《××××年度学校安全工作计划》为例,具体介绍年度工作计划的拟写模式,如表5-3所示。

表5-3 年度工作计划的模板

标题	××××年度学校安全工作计划
正文	一、指导思想 本着"安全第一,预防为主,综合治理"的原则,全面加强学校的安全工作,坚持预防为主、防治结合、加强教育,通过……,增强……,维护……要求,扎实……,确保……,确保……。 二、工作总目标 认真学习上级部门的……,建立并完善学校……。经常向学生进行安全教育,……。严格控制一般事故;不发生较大及以上火灾事故和拥挤踩踏事故;不发生群体性食物中毒事故;不发生聚集性传染病疫情;防止发生溺水事故。 三、具体措施 1. 提高认识,增强责任感和使命感。…… 2. 严格落实安全责任制和责任追究制,健全管理。…… 3. 扎实开展安全教育。…… 4. 将检查作为做好安全工作的一个重要方面。…… 5. 细化安全管理,注重安全防范,切实保证学生在校园内的安全工作。…… 6. 加强班级点名记录,对缺席的学生,……。做好因个别辅导、教育谈话等原因而留下迟放学生……。 7. 利用家长会、家访等途径对家长进行有关安全方面的宣传教育,协助学校做好安全教育。

【分析】这是一篇年度工作计划,重点在于对学校安全教育工作制定好工作计划。从整体来说,这篇工作计划有3个值得借鉴的地方。

(1) 在结构安排上,全篇由指导思想、工作总目标、具体措施三个部分组成,内容全面,符合工作计划的格式和写作要求。

(2) 在内容上,这篇工作计划既是切实可行的,又实现了上情与下情的紧密结合。在具体实施部分,这篇工作计划从七个方面陈述了安全教育工作应该怎么做,有的甚至具体到不同情况的具体计划,如第6点。在工作总目标部分,这篇工作计划在上情与下情的结合上有突出体现,"认真学习上级部门的……,建立并完善学校……",把二者紧密地结合起来。

(3) 在语言上,这篇工作计划运用精练、准确的语言进行描写。

5.3 方案

这是一种比较复杂的计划类公文,相较于工作要点和工作计划来说,在内容烦琐性方面更显突出。下面将具体介绍方案的基本内容和具体拟写技巧和方法。

5.3.1 基本常识

方案作为一种计划类公文,是本单位或上级对下级针对某项工作做出的总体筹划和全面部署。在方案的内容中,主要是对工作的目标要求、方式方法、具体进度等方面进行陈述,是在方向性方面作出指引的公文。

一般来说,方案应该有如下几个方面的特点:

- 面面俱到,但内容单一;
- 专业性强,一般是针对某一专业问题;
- 切实可行,容易达到预期目标;
- 具有很强的方向性和指引性。

5.3.2 格式要点

方案的主要组成部分有标题、正文、落款等,如表 5-4 所示。

表 5-4 方案的格式

部 分	具体内容
标题	(1) "发文机关+事由+文种" 形式; (2) "时间+事由+文种" 形式; (3) "事由+文种" 形式
正文	分为前言和主体两个部分: (1)前言:一般准确、概括性地写明写作缘由、背景和依据等; (2)主体:一般包括指导思想、主要目标、实施步骤、工作要求四个方面的内容。 其中,在拟写主要目标时,应分清楚总体目标和具体目标;在拟写实施步骤时,应突出重点,并写清楚具体如何实施。
落款	包括制定方案的单位名称和成文时间。

5.3.3 写作技巧

方案的写作，与其他公文一样，是有一定的写作技巧和注意事项的，下面一一进行介绍。

1. 明确组织领导

在一个具体工作或活动中，不同的人会有不同的分工，因此，在方案中，一般会有一个部分明确其工作机构、参与单位和参与人员，做好责任分工，确保方案实施。

2. 工作要求全面

在方案拟写中，要对其要求作出明确、全面的指示，一般应包括表明工作地位的领导重视方面、把工作落到实处的明确责任方面和了解情况与进程的加强督促方面。这些都应该在工作要求中加以体现和注意。

3. 时间安排要具体

一项工作从开始到结束，有着不同的阶段，在这些阶段中，又各自有着不同的工作目标和任务，因此，与工作要点完全不同的是，方案要把这些工作目标和任务按照时间顺序具体陈述出来。

4. 拟写应具有开创性

为了提升拟写的速度，有些方案拟写者总是会在旧的方案中加以局部改动，把新的内容硬套进去，其实这违背了方案开创性的要求，是不利于工作顺利开展的。

5. 实施的可行性和协调性

在实施时，一方面，注意方案是符合实际情况的，是科学可行的；另一方面，拟写者应该注意实施单位的多少和交叉情况，保证各单位、部门之间工作的协调。只有从这两个方面加以注意，才能确保方案顺利实施。

5.3.4 案例模板：活动方案

方案根据其内容的不同，有着不同类别，如会议方案、工作方案、活动方案等。下面以《全民健康大讲堂活动实施方案》为例，具体介绍活动方案的写作模式，如表5-5所示。

表 5-5　活动方案的模板

标题		全民健康大讲堂活动实施方案
正文	前言	为全面深入开展全民健康生活方式，进一步提升我县居民的健康素养水平，促进我县慢性非传染性疾病综合防控示范区创建工作实施开展，根据《省××××-××××年全民健康生活方式行动实施方案》(苏卫疾控〔××××〕×号)、《市政府办公室关于印发市慢性非传染性疾病综合防控示范区创建工作实施方案的通知》(宿政办发〔××××〕×号)和推进"健康"建设总体要求，结合我县实际，特制定本方案。
	主体	一、活动目标 (一)总体目标 1.(略) …… (二)主要指标 1.(略) …… 二、活动内容 以《健康生活方式核心信息》等知识为主，传播健康教育和健康促进知识，从居民实际需求出发，在预防、治疗、保健、康复等方面，为居民提供科学、规范和易懂易做的知识和方法。 1.(略) …… 三、具体工作任务 根据不同受众群体的不同特点、不同需求，开展形式多样、分层分类的专题课堂，以现场体验、专家授课、医师宣教、观看培训视频等多种形式，形成专家、医务工作者、单位员工、辖区居民积极参与的良好氛围，让群众在家门口收获便捷、优质、可互动的医疗卫生资讯。 (一)社区健康大讲堂(略) …… (五)学校健康大讲堂(略) 四、活动流程 1.各单位成立健康大讲堂活动领导小组，制定工作计划方案，确定大讲堂课程； …… 五、职责分工 1.县卫计委负责全县健康大讲堂活动的组织领导和统筹安排工作； …… 六、工作要求 (一)成立领导组织(略) (二)提高认识，高度重视(略) (三)精心组织，确保成效(略) (四)加强管理，严格考核(略)

【分析】这是一篇活动方案，主要是对全民健康大讲堂活动加以实施的方案。在这一方案中，它具体陈述了活动目标、活动内容、具体工作任务、活动流程、职责分工和工作要求六个部分，对这一活动的主要内容进行了方案的拟定。

另外，针对各大部分的具体情况，该方案也分点进行了介绍，如活动目标，从总体目标和主要指标两个方面分条介绍，又如工作任务方面，从社区、机关单位、学校等具体场所进行介绍，这些都可见该方案拟写的具体性和全面性。

专家提醒

在计划类公文中，安排是一种与方案在拟写对象上有着相似之处的公文文种，即它们都是对某一项工作进行计划和安排，其题材是单项的工作。

当然，二者在内容题材上有着一些区别，方案一般是针对一些涉及面较广或上级指示下级工作而言的，而安排一般是针对一些部门内部或涉及面较窄的工作而言的。

第 6 章

规章类公文：切合实际，具体明确

学前提示

规章类公文是对工作、活动和行为进行规范的公文，适用于党政机关、社会团体和企事业单位。这一类公文有很多可供选择和运用的文种。

本章将以办法、规定、细则和章程为例，具体介绍规章类公文的写作。

要点展示

- ➢ 办法
- ➢ 规定
- ➢ 细则
- ➢ 章程

6.1 办法

办法是一种比较常用的规章类公文，它主要用于国家行政主管部门为贯彻某一法令或做好某方面工作而进行公文拟写的情况。那么，在具体拟写过程中，办法是怎样顺利成文的呢？下面将详细介绍。

6.1.1 基本常识

规章类公文中的办法，主要是规定的方法、步骤和措施等方面的内容。而从其内容和性质出发，办法可分为两类，即实施文件办法和工作管理办法。

无论何种办法，它都是对贯彻执行某一法令或进行某项工作提出具体规定的法规类公文，因而体现出相似性，主要表现在两个方面，如图6-1所示。

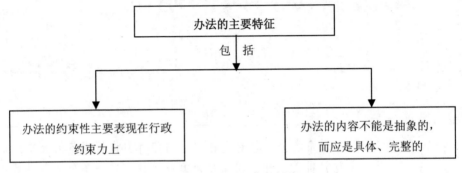

图6-1 办法的主要特征

6.1.2 格式要点

在办法的组成结构中，可分为标题、题注和正文三部分，具体内容如下。

1. 标题

标题位于文章之首，是对全文内容进行的简短标注。在办法的标题中，主要从这三个方面对其内容加以说明，即标题"三要素"：发文机关、事由和文种。当然，并不是所有办法的标题都包括这三个要素，有时会省略发文机关，而只标注事由和文种。

2. 题注

在题注的拟写过程中，拟写者应该注意根据其发布方法的不同而区别对待。

当办法随命令和通知发布时，题注应省略不写，然而这一类办法在独立使用时，则应该在题注部分注明命令和通知的发布时间，以便读者了解。

当办法独立发布时，其题注应该对一些事项加以标注，如：

(1) 注明制发的年、月、日和会议名称；
(2) 注明通过的会议名称、时间和发布的机关、时间；
(3) 批准的机关名称和时间。

3．正文

办法的正文部分从其内容上来说，首先应该是指出办法制定的依据，然后是正文的主体部分，主要陈述办法的具体条款规定，最后以附则等形式对办法的相关内容作出说明，如解释权和具体实施日期等。

6.1.3 写作技巧

要想拟写出一篇好的办法，就应该重点关注其正文部分，应该根据具体内容选用合适的方式拟写。

当办法的内容比较复杂、丰富时，应该采用章条式的写作方法，即分为总则、分则和附则三个部分安排内容，具体如表 6-1 所示。

表 6-1　办法正文的章条式写作

部　分	具体内容
总则	主要介绍办法制定的根据、目的、指导思想和适用范围等
分则	这一部分可分若干章进行拟写，主要介绍办法的规范条款、步骤、实施措施和要求等
附则	这一部分可看作办法的附加说明，主要介绍办法的实施说明，如实施的特殊规定、补充规定和施行日期等

当内容比较简单时，办法应该采用条款式的写作方法，内容与上一种相似，不同的是，不再对全篇按总则、分则和附则来分开，而是全篇采用分条的形式进行拟写。

在拟写时，把相当于总则的内容在前面几条中阐述出来，把相当于附则的内容在后面几条中阐述出来，中间作为办法的主体部分。当然，这一种写作形式之所以称为"条款式"，就在于当条下还包括多项内容时，可以分款介绍。因此，在条款式办法中，其层次也是多样化的。

要注意的是，办法各章条序号是从总则到附则顺延的，不是按部分分别列出的。

6.1.4 案例模板：管理办法

管理办法是办法的一种，主要是针对某些管理方面作出规定，是依法制定的从属于法律的规章类公文。

下面以《网络交易管理办法》为例，具体介绍管理办法的拟写模式，内容如表 6-2 所示。

表 6-2　管理办法的模板

标　题	网络交易管理办法
题注	(××××年×月×日国家工商行政管理总局令第×号公布)
正文 — 总则	第一章　总　则 第一条　为规范网络商品交易及有关服务，保护消费者和经营者的合法权益，促进网络经济持续健康发展，依据《消费者权益保护法》《产品质量法》《反不正当竞争法》《合同法》《商标法》《广告法》《侵权责任法》和《电子签名法》等法律、法规，制定本办法。 …… 第六条　鼓励支持网络商品经营者、有关服务经营者成立行业组织，建立行业公约，推动行业信用建设，加强行业自律，促进行业规范发展。
正文 — 分则	第二章　网络商品经营者和有关服务经营者的义务 第一节　一般性规定 第七条　从事网络商品交易及有关服务的经营者，应当依法办理工商登记。 …… 第十六条　网络商品经营者销售商品，消费者有权自收到商品之日起七日内退货，且无须说明理由，但下列商品除外： (一)消费者定做的； …… (四)交付的报纸、期刊。 除前款所列商品外，其他根据商品性质并经消费者在购买时确认不宜退货的商品，不适用无理由退货。 …… 第二节　第三方交易平台经营者的特别规定(略) 第三节　其他有关服务经营者的特别规定(略) 第三章　网络商品交易及有关服务监督管理(略) 第四章　法律责任(略)
正文 — 附则	第五章　附　则 第五十五条　通过第三方交易平台发布商品或者营利性服务信息、但交易过程不直接通过平台完成的经营活动，参照适用本办法关于网络商品交易的管理规定。 …… 第五十八条　本办法自××××年×月×日起施行。国家工商行政管理总局××××年×月×日发布的《网络商品交易及有关服务行为管理暂行办法》同时废止。

【分析】这是一篇管理办法，主要是对网络交易作出规定。全篇采用的是章条式

的写作方式，共分为五章五十八条。

其中，前面六条是总则部分，主要介绍了办法制定的依据、概念、基本原则、目的和意义等内容。

中间三章四十八条为分则部分，主要介绍了办法的规范条款，章下分节，节下分条，条下内容较多时，又分段和分点"(一)、(二)、……"等，层次分明，结构清晰。

最后一章作为总则部分，分为四条，主要介绍办法的实施说明，包括特殊规定、解释权、生效日期和之前发布的有关规定的废止等。

6.2 规定

在规章类公文中，规定是使用范围最广、频率最高的文种，也是一种具有较强约束力的文种，针对某些工作或事务而制定的措施，要求相关部门贯彻执行。

那么，规定到底有怎样的特点、格式和写作技巧呢？下面将一一引导读者进行了解。

6.2.1 基础常识

"规定"，即领导机关或职能部门为了制定措施来处理特定范围内的工作和事务，而提出原则要求、执行标准和实施措施等的规章类公文。

就其内容来说，规定主要可分为方针政策性规定和具体事宜性规定两类。

与其他公文相比，规定体现出明显的规章类公文特征，具体如表6-3所示。

表6-3 规定的主要特征

特 征	具体内容
一般性	这主要是针对规定涉及的对象和问题而言的。规定所涉及的对象和问题是大多数的人和事，是一般性和普遍性的
规范性	这是针对规定的产生程序而言的。它需要经过严格审批和正式公布才能完成其产生过程
期限性	这是针对规定的效用而言的。它的效用是有一定期限的，只对文件成立后的有关人和事产生效用，且前面的文件即行废止
约束性	这是从规定的作用来看的。它具有极强的约束力，且约束范围包括时间、空间、人员和机关等相关因素
准确性	这是针对规定的语言运用来说的。它要求语言准确，并体现出规章类公文的规范性

6.2.2 格式要点

规定包括标题和正文两部分。当然,有时规定还会在标题下方有题注或发文字号,在文后有落款。下面从标题和正文这两个部分来说明。

1. 标题

规定的标题一般可用以下两种形式:

- "发文机关+事由+文种"形式,如《××学校关于教师外出兼课的规定》。
- "事由+文种"形式,如《事业单位公车管理规定》。

假如要拟写的规定不是最终确定的,而是"暂行"的,那么应该在标题中予以明确说明。

2. 正文

规定与办法一样,下面以章条式写作方式为例来具体介绍。其正文部分包括总则、分则和附则三个基本组成部分。

总则一般为一章,分若干条,位于规定的最前面,主要是对规定制定的缘由、意义、依据、基本原则和适用范围等作出说明。

分则是规定的核心和主体部分,它包括若干章,分若干条款,主要是对规定的具体内容和要求作出详细说明。

而位于规定最后的附则与总则一样,也是以一章若干条来安排内容的,主要是对规定的补充说明,并交代执行的要求,一般包括解释权、生效日期等内容。

6.2.3 写作技巧

在写作规定的过程中,掌握一定的写作技巧和要领可以更熟练地拟写规定,具体内容如下。

首先,规定具有极强的约束力,主要是为了贯彻落实某一法律、法规而制定的,因此,规定的内容有一个基本要求,那就是它必须符合国家的法律、法规,而不是与其相悖。

其次,规定在内容结构的安排上,应该注意把原则性内容放在前面,然后才是对具体内容的陈述,且这些内容的呈现还应该是按照一定的主次顺序来安排的。最终使得规定内容主次分明,点面结合。

再次,规定是为了促进某一法律、法规的贯彻执行的,因此,规定的内容应该是具有针对性的切实可行的措施和办法。

最后,规定在语言运用上也应该体现准确具体、简明扼要的特征,充分展现其语言的庄重性。另外,为了增强其约束力和执行力,还应该更多地使用祈使句,用肯定语气推进法律、法规的贯彻执行。

6.2.4 案例模板：方针政策性规定

相较于具体事宜性规定来说，方针政策性规定更多体现在宏观方面。

下面以《关于实行党风廉政建设责任制的规定》为例，具体介绍方针政策性规定的写作模式，如表6-4所示。

表6-4 方针政策性规定的模板

标题		关于实行党风廉政建设责任制的规定
正文	总则	第一章 总则 第一条 为了加强党风廉政建设……，根据《中华人民共和国宪法》和《中国共产党章程》，制定本规定。 第二条 本规定适用于…… 第三条 实行党风廉政建设责任制，要…… 第四条 实行党风廉政建设责任制，要…… 第五条 实行党风廉政建设责任制，要……
	分则	第二章 责任内容 第六条 领导班子对职责范围内的党风廉政建设负全面领导责任。 …… 第七条 领导班子、领导干部在党风廉政建设中承担以下领导责任： (一)贯彻落实党中央、国务院以及上级党委(党组)、政府和纪检监察机关关于党风廉政建设的部署和要求，…… …… (八)领导、组织并支持执纪执法机关依纪依法履行职责，及时听取工作汇报，切实解决重大问题。 第三章 检查考核与监督 第八条 党委(党组)应当建立党风廉政建设责任制的检查考核制度，…… …… 第十八条 党委(党组)应当……，广泛接受监督。 第四章 责任追究 第十九条 领导班子、领导干部违反或者未能正确履行本规定第七条规定的职责，有下列情形之一的，应当追究责任： …… 第二十八条 各级纪检监察机关应当加强对下级党委(党组)、政府实施责任追究情况的监督检查，……

续表

正文	附则	第五章 附则 第二十九条 各省、自治区、直辖市、中央和国家机关各部委可以根据本规定制定实施办法。 第三十条 中央军委可以根据本规定，结合中国人民解放军和中国人民武装警察部队的实际情况，制定具体规定。 第三十一条 本规定由中央纪委、监察部负责解释。 第三十二条 本规定自发布之日起施行。××××年×月发布的《关于实行党风廉政建设责任制的规定》同时废止。

【分析】这是一篇方针政策性规定，从宏观上阐述了实行党风廉政建设责任制的有关规定。它先在第一章的总则中阐述了规定制定的目的、依据、适用范围和基本原则，然后在接下来的第二章至第四章中具体阐述了规定的具体事项，从责任内容、检查考核与监督、责任追究三个方面来进行介绍，主次分明、层次结构合理。最后以附则结尾，对规定进行了补充说明，并介绍了其解释权和生效时间。

专家提醒

在规章类的公文中，条例与办法、规定有着一定的相似性，又有着本质区别。下面将具体介绍条例的一些特征，以便读者快速对它们作出判断。

从与法律的关系来看，条例是作为一种具有法律性的文种而存在的，是对有关法律、法规的辅助性、阐释性说明。

从发文机关来看，条例的制发机关只能是国家最高权力机关和最高行政机关，而不能是国务院各部委或地方人民政府等。

从对象的地位来看，条例主要针对的是一些有着重大影响力的事项的管理和处置的规定，这些事项一般为国家(地区)的政治、经济和科技等领域的事项。

从内容来看，条例主要对党政各级机关的组织形式、权限和义务等方面作出系统规定。

6.3 细则

细则，是党政各级机关、企事业单位在上级机关的有关规定或办法的基础上，对某一法令、条例和规定加以具体化阐释、说明，从而更好地贯彻执行的公文文种。

6.3.1 基本常识

从本质来说，细则是从法律、法规和规章等派生出来的，是一些补充和延伸的规定，主要具有三个方面的特点，如图 6-2 所示。

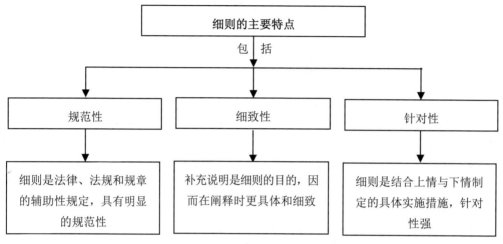

图 6-2　细则的主要特征

根据不同的标准，细则可划分为不同类别，如图 6-3 所示。

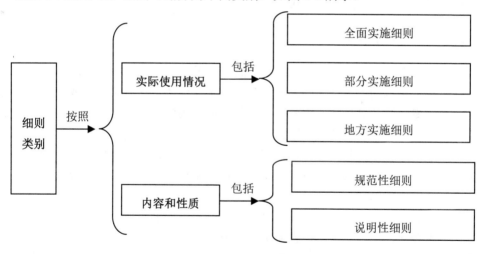

图 6-3　细则的主要特征

6.3.2　格式要点

细则主要是由标题和正文构成的，这两个部分各有其写作标准和要点，下面将一一进行介绍。

1. 标题

细则可以说是某项法规、规章的从属性文件，这在标题上有着充分体现。细则的标题一般都是在表示文种的"实施细则"前加上原法规、规章标题，具体形式为"原件名称+实施细则"，它主要适用于全面实施细则，如《中华人民共和国义务教育法实施细则》。

另外，还可以写成"实施区域+实施内容+实施细则"形式，这主要适用于地方实施细则，如《北京市工伤保险实施细则》。

2．正文

细则的正文从内容划分来看，与办法和规定一样，也是由总则、分则和附则组成的，具体内容如下。

- 总则：主要介绍制定细则目的、依据、基本原则和适用范围等；
- 分则：在原件条款的基础上制定相应的执行标准、措施、程序和奖惩措施等；
- 附则：主要是陈述细则的解释权和实施日期，还可进行补充说明。

在拟写正文时，还应该根据内容的不同选择不同的结构形式。一般来说，假如是对法律条款作出说明的细则多采用章条式的结构形式，假如是对条例、办法等作出说明的细则多采用条项式的结构形式。

6.3.3 写作技巧

在拟写细则时，拟写者应该从以下方面进行把握，以便顺利成文。

(1) 把握条款的依据性。因为细则是根据某些法律、法规的全部或某些条款而制定的，是这些条款的具体化，因此，必须把握好细则的条款依据性，不能随意增删。且在主体内容中也应该遵循这一依据性，不能随意扩散和发挥。

(2) 紧密结合上情与下情。在拟写细则时，不仅应该以上级机关制定的法律、规章为依据，还应该把针对这些条款的实施措施与本单位的实际情况结合起来，最终呈现切实可行的实施细则。

(3) 注意条款的逻辑性。这是细则的内容结构方面的要求。在拟写细则时，按照条款的逻辑顺序，一项一事，把具体实施措施一项项呈现出来。

(4) 明确细则的制定权限。一篇细则的制定，其法律、规章对象的选择不是随意的，而是有着严格的规定，不同层级的机关单位其可选择的对象也不同，如：

- 下级人民政府可以根据上级人民政府发布的行政法规来制定；
- 地方人民政府可以根据同级权力机关发布的地方性法规来制定。

(5) 做到"准"与"细"。既然是"细则"，那要求"细"也就无可厚非了，也就是说，细则的实施措施一定要详尽具体，易于理解。除了"细"外，它毕竟是根据法律、规章制定的，不能随意发挥，而应该找准其关键、要点进行补充说明，以免发生理解错误。

6.3.4 案例模板：部分实施细则

部分实施细则是对依据的法律、规章的部分条款作详细实施说明的细则。下面以《中华人民共和国海关法行政处罚实施细则》为例，具体介绍其写作模式，如表 6-5 所示。

表 6-5　部分实施细则的模板

标　题		中华人民共和国海关法行政处罚实施细则
正文	总则	第一章　总　则 第一条　为了实施《中华人民共和国海关法》(以下简称《海关法》)关于法律责任的规定，根据《海关法》第六十条制定本实施细则。 第二条　不构成走私罪的走私行为，构成走私罪但依法免予起诉或者免除刑罚的行为，以及违反海关监管规定的行为的处理，适用本实施细则。
	分则	第二章　走私行为及处罚 第三条　有下列行为之一的是走私行为： …… 第三十一条　依照本实施细则处以罚款但不没收进出境货物、物品、运输工具的，不免除当事人依法缴纳关税、办理有关海关手续的义务。
	附则	第五章　附　则 第三十二条　海关工作人员滥用职权、故意刁难、拖延监管、查验的，依照国务院关于国家机关工作人员奖惩规定给予行政处分…… 第三十三条　本实施细则下列用语的含义是： …… 第三十四条　国家限制……由国务院主管部门公布。 国家禁止……由海关总署公布。 国家限制……由海关总署公布。 第三十五条　本实施细则由海关总署负责解释。 第三十六条　本实施细则自××××年×月×日起施行。

【分析】这是一篇采用章条式形式拟写的细则，主要是对《海关法》的第六十条进行详细的实施说明，最终形成了《中华人民共和国海关法行政处罚实施细则》。

全篇全面把握了细则的写作要求，一方面，它是紧扣原文条款来进行说明的，无论是在总则中，还是主体内容中都遵循了这一原则；另一方面，它精准地把握了写作的"细"和"准"。在各章中分各条，在各条中分各款，尽量在关键处抓住问题并予以最详细、全面、系统的解释和说明。

6.4 章程

章程也是一种规章类公文，就其实质，它是一种根本性的规章制度。它一般适用于组织、社团等，是它们制定的用来规范内部成员的关于内部事务的集体决议。下面将针对章程这一公文文种进行具体介绍，以便做好规章类公文写作工作。

6.4.1 基本常识

要想了解章程的一般内容和基础常识，就应该从以下两个方面着手。

1. 章程的主要特点

章程主要表现出如图6-4所示的特点。

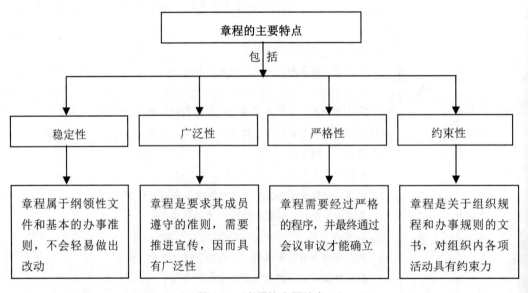

图 6-4 章程的主要特点

2. 章程的主要类别

章程根据其内容来看，种类繁多，具体内容如下。

(1) 组织章程。这类章程用于制定团体组织的准则、机构设置、成员资格及其行文规范等，如人们比较熟悉的《中国共产党章程》。

(2) 业务章程。这主要是针对组织、团体的某一业务、工作或活动而言的，旨在规范企事业单位的某种行为或某种做法。这一类章程有《××××年招生章程》《××学校招生章程》等。

(3) 企业章程。主要是用来规定企业经济活动、管理活动和权益分配关系，如《中国人民保险公司章程》。

6.4.2 格式要点

在章程的结构上，除了题注、落款等视情况而定的部分外，它包括了所有公文都必须具有的两个部分，即标题与正文。下面就从这两个方面具体介绍章程的格式。

1. 标题

章程根据其形成过程可分为正式章程和章程的草案，其中，正式章程的标题一般写成"组织/团体名称+文种"形式。假如是尚未经会议审议通过的章程草案应该在标题末尾加上"草案"字样以示说明。

2. 正文

章程的正文部分同样分为总则、分则和附则三部分，但是与前面介绍的规章类公文相比，章程的内容发生了很大改变，具体内容如下。

总则：主要是对组织或团体的名称、性质、宗旨、任务和原则等作出说明，以便读者有一个概括性的了解。

分则：一般是对组织或团体的架构、成为成员的条件、成员的行为准则、权利和义务等作出说明，当然，假如是企业章程，还应该在分则部分写明经营范围、分配原则等内容。

附则：这一部分主要是对其制定权、修改权和解释权等权益作出说明，最终结束全篇。

6.4.3 写作技巧

在拟写章程的过程中，要求拟写者在以下方面加以注意。

1. 内容方面

章程是一个组织、团体的纲领性文件，是对其整体和成员进行规范的文件，因此，需要内容完备，面面俱到，不能有所缺漏，在这一基础上，还应该有所侧重地体现组织或团体的特点。

另外，在内容上还应该注意其科学性和可行性。这主要表现在章程所制定的目标和要求不能过高，要切实可行，能对组织或团体的整体和成员起到一种纲领性的规范功能。

2. 章法方面

章程的章法需要从逻辑和层次方面加以注意，要求设置严密，有着严谨的结构顺序，由总到分，形成一个完整的有机统一体，让人读来能充分感受到其中的严谨缜密。

3．语言方面

章程的语言应该遵循规章类公文的一般性特征，要求用准确具体、简明扼要的语言，通俗易懂地对内容进行说明，而不是满篇的术语，写得佶屈聱牙。

6.4.4 案例模板：组织章程

组织章程是一个组织的纲领性文件，因而在拟写过程中要对其各方面的内容做到完备和点面结合，以便其成员从中找到全面相关信息。

下面以《中国工会章程》为例，具体介绍组织章程的拟写模式，如表6-6所示。

表6-6 组织章程的模板

标题		中国工会章程
题注		(中国工会第××次全国代表大会部分修改，××××年×月×日通过)
正文	总则	总则 中国工会是中国共产党领导的职工自愿结合的工人阶级群众组织，是党联系职工群众的桥梁和纽带，是国家政权的重要社会支柱，是会员和职工利益的代表。 中国工会以宪法为根本活动准则，…… 工人阶级是我国的领导阶级，是…… 中国工会的基本职责是维护职工的合法权益。 …… 中国工会在国际事务中……
	分则	第一章 会员 第一条 凡在……都可以加入工会为会员。 …… 第二章 组织制度(略) 第三章 全国组织(略) 第四章 地方组织(略) 第五章 基层组织(略) 第六章 工会干部(略) 第七章 工会经费和资产(略) 第八章 会徽(略)
	附则	第九章 附则 第四十三条 本章程的解释权属于中华全国总工会。

【分析】这是一篇章条式形式的组织章程，主要是对中国工会的章程做了具体、详细的介绍。

该篇组织章程在总则部分是以分段而不是分条的形式进行拟写的。该部分具体说明了中国工会的性质、宗旨、任务等。

而在分则部分开始分条列写，共分为七章四十二条，对中国工会的会员、组织制度、全国组织、地方组织、基层组织、工会干部、工会经费和资产、会徽等内容进行了介绍，这些内容包含一般章程中成员、组织和经费方面的内容。且在这一部分的安排中，它是非常严谨的。如以其组织为例，它首先是对全国组织进行了介绍，然后才是地方组织和基层组织。这样的结构安排，有着严密的逻辑性。

该篇组织章程的附则相对于总则和分则来说，是极为简单的，它对章程的解释权做了说明。

无论是从内容的完备性来看，还是从结构的严谨性来看，《中国工会章程》都是一篇优秀的章程案例。

第 7 章

凭证类公文：
清楚明白，陈言务去

学前提示

凭证类公文也是公文的一大类别，在日常生活中应用得比较广泛，特别是在经济领域和日常往来中，如合同、收条等。

下面以四种凭证类公文为例，具体介绍它们的基础常识、格式要点、写作技巧和案例模板等。

要点展示

- ➢ 合同
- ➢ 意向书
- ➢ 收条
- ➢ 协议书

7.1 合同

合同，在日常生活中比较常见，且这一公文文种的概念已经有相关法律对其进行界定，如《中华人民共和国合同法》第 2 条规定的"合同"概念为"合同是平等主体的自然人、法人、其他组织之间设立、变更、终止民事权利义务关系的协议"。这是狭义的合同含义。

本节将通过对合同的基本知识、格式和写作模式的了解，以期更好地拟写出合格的合同。

7.1.1 基本常识

合同作为一种民事法律行为，是两个及两个以上的意思表示一致的协议，具有一般法律行为的共同特点，具体内容如图 7-1 所示。

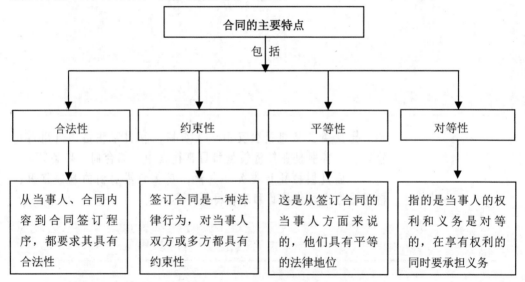

图 7-1 合同的主要特点

合同根据五种划分标准，可分为不同类别，具体内容如下。
- 根据是否支付报酬，可分为有偿合同和无偿合同；
- 根据订立形式的不同，可分为要式合同和不要式合同；
- 根据订立要求的不同，可分为实践合同和诺成合同；
- 根据合同地位的不同，可分为主合同和从合同；
- 根据名称和规则的有无，可分为有名合同和无名合同。

7.1.2 格式要点

合同作为一种凭证类公文，一般由标题、订立单位、正文和落款四个部分组成。要想完全掌握合同的写作格式，就必须深入了解这四个部分的格式和要求，具体内容如下。

1．标题

由于合同是当事人双方或多方订立的，因此，其标题与其他公文不同，它一般是不会注明制发机关的。合同的标题一般是用"事由+文种"形式表明合同性质，如《采购合同》。当然，有时也会写当事人自己的单位，如购销合同，对购货来说，写成《××(单位)采购合同》；对供货方来说，写成《××公司销售合同》。

2．订立单位

订立单位位于标题下、正文之前。在注明订立单位时，应该注意：

- 另起一行并排书写当事人双方或多方的基本信息；
- 单位名称要写全称，并用括号注明"甲方、乙方""买方、卖方"等。

3．正文

合同正文是由三个部分组成的，包括开头(引语)、主体和结尾，具体内容如表7-1所示。

表7-1 合同正文

部 分	具体内容
开头	这是合同的引语部分。一般写明订立合同的依据和目的，如"为了/根据……，甲乙双方签订本合同"等。
主体	这是合同的核心部分。 一般包括五个方面的主要条款：合同标的，质量或数量方面的保证，价款或酬金，履行合同的期限、地点和方式，违约责任。 它们是合同的基本内容。当然，根据订立的需要，还可增加必要的其他条款。
结尾	合同的结尾一般包括四个方面的内容，具体如下： (1)合同争议解决的方式； (2)合同正、副本信息； (3)合同的全部附件说明； (4)合同的生效日期和有效期限。

4. 落款

相较其他公文来说，合同落款内容更翔实。它一般包括以下三项具体内容：
(1) 合同当事人的签字、盖章；
(2) 合同订立双方或多方的联系方式、开户银行及账号；
(3) 合同订立的日期。

7.1.3 写作技巧

合同的拟定和订立是一个需要当事人特别慎重的过程，因此，在拟定合同时，需要在以下方面加以注意。

1. 内容的合法与完备

合同是建立在一定的法律、规定基础之上的，只有内容与法律相符、与国家政策和规定相符的合同才是有效的。

合同的内容不仅需要合法，还应该是完备的，也就是说是没有任何疏漏的，以避免出现内容上的法律、规定漏洞。

2. 语言的清楚与准确

合同的语言务必写得清楚明白，不能含糊不清；务必写得准确，不能出现歧义。这是确保合同避免发生争议的基本保证。

3. 订立的稳定和一致

合同的订立是建立在双方意见表达一致的基础上的，因此，已经签订，就不可随意改动。如果需要对合同作出修改，应该在双方或多方协商一致的情况下，把修改意见以附件形式附于合同后，并完成双方或多方的签署程序才能生效。

7.1.4 案例模板：采购合同

采购合同是供方与需方协议一致而订立的确定"供需关系"的法律性文件，用以保护双方的权益。下面以《政府采购合同》为例进行具体介绍，如表 7-2 所示。

表 7-2　采购合同的模板

标题	政府采购合同
订立单位	供货商：_____ 采购单位：_____

续表

正文	引语	为了保护供需各方的合法权益，根据《中华人民共和国政府采购法》《中华人民共和国合同法》等相关法律法规，并严格遵循招投标文件条款和中标供应商承诺，签订本合同，并共同遵守。
	主体	一、合同文件：招标文件、投标文件的所有内容是构成本合同不可分割的部分。 二、合同金额：_____(以上价款以人民币进行结算) 《采购货物清单》(略) 最终数量按实结算，结算按以上单价。 三、设备质量要求及供方对质量负责条件和期限：(略) …… 七、付款方式：(略) 八、违约责任：(略)
	结尾	九、因设备质量问题发生争议，由……，供需双方应当接受。 十、本合同发生争议产生的诉讼，可向…… 十一、本合同一式六份，供需……，具同等效力。 十二、本合同……方为有效。 十三、本合同未尽事宜，双方……
落款		供方(盖章)：_____ 需方(盖章)：_____ 地址：_____ 地址：_____ 法人代表(签字)：_____ 法人代表(签字)：_____ 委托代理人(签字)：_____ 委托代理人(签字)：_____ 电话：_____ 电话：_____ 开户名称：_____ 开户名称：_____ 开户银行：_____ 开户银行：_____ 账号：_____ 账号：_____ 邮编：_____ 邮编：_____ ___年___月___日 ___年___月___日 签约地点：_____ 签约地点：_____
附件		附件一：××××(略) 附件二：××××(略) ……

【分析】这是一个采购合同模板，用于确立供需双方的权利和义务。在内容和结构安排上，其具备了所有要素，标题、引语、正文主体、结尾、落款和附件俱全，在

内容上更是合法、完备、准确的，能确保双方的权利和义务。

7.2 意向书

在正式形成"合同"或"协议"之前，当事人双方或多方会针对其初步设想达成一致意向，在这样的情况下确立的文件就称为"意向书"。下面将介绍有关意向书的具体内容。

7.2.1 基本常识

与合同和协议相比，意向书只是一种应用文书，并不具备法律效力。但它又是协议或合同的先导和依据。这样一种有着特殊性质的应用文书，到底有着怎样的特点呢？具体来说，其特点主要表现在四个方面，如图7-2所示。

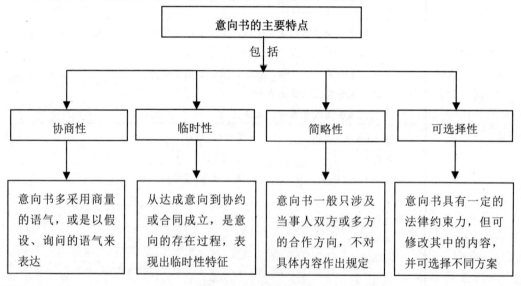

图7-2　意向书的主要特点

从图7-2可知，意向书具有多方面的特点。其实，这样的意向书是正式签订合同、协议之前的文书，一般用在经济技术的合作领域，以便为接下来双方之间的实质性谈判提供依据。

7.2.2 格式要点

在结构上，意向书一般由标题、正文和落款三部分组成。下面将针对这三个方面一一进行介绍。

1. 标题

意向书标题的形式具有多样性，具体如下。

(1) "当事人单位名称+事由+文种"形式，如《×××(单位)与×××(单位)关于(单位)合作的意向书》。

(2) "当事人单位名称+文种"形式，如《×××(单位)与×××(单位)意向书》。

(3) "事由+文种"形式，如《××原料合资生产意向书》。

(4) "文种"形式，即以"意向书"命名的文件。

2. 正文

在意向书正文部分，一般可以分为开头、主体和结尾三个方面来拟写，具体如下。

(1) 开头：为意向书的导语部分，主要注明当事人双方的单位名称、合作事项、订立依据和目的等，并在最后以一句话引出下文。

(2) 主体：为意向书的核心部分，主要采用分条列项的形式写明达成的合作性意见。

(3) 结尾：主要是为将来签订合同、协约打下基础，一般写成"未尽事宜，在签订正式合同(协议书)时再予以补充"。

3. 落款

注明当事人双方或多方的单位名称、代表人姓名，以及联系方式，加盖印章和注明日期，从而结束意向书的拟定。

7.2.3 写作技巧

意向书的写作关乎当事人双方接下来的谈判和合作，因此，在写作时要特别注意，以免影响后续事宜的发展。具体说来，要写好意向书，拟写者应该注意以下几方面的问题。

1. 内容方面

意向书的内容是其基础，因此，首先应该确保意向书的各个事项是真实、合理合法的，并在表达时不能太绝对化，要注意留下发展和转圜的余地。

2. 结构方面

在内容确立的情况下，还应该注意在结构上予以完善，即意向书的标题、正文和落款三个部分，缺一不可。

3. 语言方面

拟写意向书，与其他公文不同的是，它不要求语言表达具体，而是应该用比较笼统的语言来陈述，以保证其表达的弹性。

4．态度方面

拟写者在具体写作时，还应该注意自身的态度，即不能因为意向书不具备法律效力而随意拟写，或对一些关键问题贸然作出承诺，这些都是损害自身形象或利益的，是拟写态度不端正的表现。

5．原则方面

在拟写意向书时，还应该坚持两个原则：一是平等互利的原则，以保证当事人双方的权利；一是合乎规定的原则，这主要是指意向书应该是符合法律法规的，也是在自身职权部门能解决的范围之内的。

7.2.4 合同与意向书的区别

意向书是合同的先导，合同是意向书的最终体现形式之一，它们之间既有区别又有联系。在此，从二者的区别出发进行介绍，如表7-3所示。

表 7-3　合同与意向书的区别

区　别	具体内容
内容与法律效力的不同	合同的内容是当事人之间的民事权利义务关系，具有法律效力；而意向书只是双方就某一事项的一致认定，不具法律效力
签订时间的不同	合同的签订是在当事人就民事权利义务关系达成一致后；而意向书的签订只是基于当事人双方达成共识之后
履行方式的不同	签订合同的当事人必须全部履行规定的义务，其不得随意更改，违约时必须承担法律责任；而签订意向书的当事人没有必要完全按照规定进行，是可以改动的，且违背时不需要承担法律责任

7.2.5　案例模板：合作意向书

合作意向书是当事人双方或多方就某一事项达成共识而签订的，具有合作的方向性指引作用。下面以《××项目合作意向书》为例，具体介绍合作意向书的写作模式，如表7-4所示。

表 7-4　合作意向书的模板

标题		××项目合作意向书
正文	开头	甲方：_____ 乙方：_____ 甲乙双方本着平等互利、优势互补的原则，经友好磋商，达成以下合作意向：
	主体	一、项目合作宗旨 　　为弘扬公益精神，加强全民的社会责任感，乙方于××××年×月联合甲方及社会各界发起××项目。 　　××项目的核心理念及宗旨是每年通过 12 个公益主题，传播"关注社会最普通人群"的公益理念和文化。 二、合作模式 　　1. 甲方…… 　　2. 甲乙双方…… 　　3. 乙方…… 三、双方约定(略) 　　1. 乙方…… 　　2. 双方…… 　　3. 甲方……
	结尾	四、本意向书是双方合作的基础。甲乙双方的具体合作内容以双方的正式合同为准。
落款		甲方：　　　　　　　　　　　乙方： 代表签名：　　　　　　　　　代表签名： 日期：　　　　　　　　　　　日期：

【分析】这是一篇项目合作意向书，重点在于当事人双方就一个公益项目达成合作共识的文书。在文章的开头，这一意向书就当事人双方和合作原则进行了介绍，以"达成以下合作意向"引出下文。在正文的主体部分，意向书主要写明了双方达成协议的合作项目和宗旨、合作模式、双方约定的义务等事项。在结尾和落款部分，意向书遵照其一贯的写作模式，对相关内容进行了说明。

7.3　收条

收条是日常生活中比较常见的凭证类公文，它的内容普遍比较简单。下面将具体介绍收条的一般内容和写作技巧，以便熟练运用在工作生活中。

7.3.1 基本常识

"收条"，是收领人写给送交者的作为收到钱或物凭证的文书。所有能体现这一收领与送交关系的场合都能用到这一文体样式。一般来说，收条的应用主要基于以下场合：

(1) 还回所欠的或所借的钱物时，由他人代收，此时应由收领人写收条；
(2) 个人向单位上缴钱物时，应由单位开据收条；
(3) 在非正式场合，单位与单位之间的钱物往来，应开据收条。

在上述场合中，根据收条应用对象的不同，可分为四种类型，即：

(1) 个人与个人之间开据的收条：这是基于个人钱物往来的收条；
(2) 个人写给单位的收条：它以个人的名义开据，把收条交给单位某一经手人。
(3) 单位写给个人的收条：它以单位的名义开据，由某一经手人交给个人。
(4) 单位与单位之间开据的收条，它以单位的名义开据，由此单位经手人交给彼单位经手人。

7.3.2 格式要点

作为一种凭证类公文，收条在格式上有着严格要求，具体内容如下。

1. 标题

收条的标题应居中书写，位于正文上方，一般写成：
(1) 以"收条"或"收据"为标题；
(2) 以"今/现/已收到""收到""代收到"为标题，即把正文前两字或三字作为标题。

2. 正文

以上述前一种标题形式书写的收条，正文格式为在第二行行首空两格；以上述后一种标题形式书写的收条，正文格式为顶格书写。正文内容一般为收领人收到的钱物数量、品种、规格等，也就是说，应用简洁的语言把钱物写清楚。

3. 落款

落款包括三个方面的内容：收领人姓名或收领单位的名称、收领的具体时间、加盖公章。

假如是以单位名义开据的，还应该写明单位名称和加盖公章，并在收领人姓名前加上"经手人："字样。假如是由代收人开据的，应该在收领人姓名前加"代收人："字样。

7.3.3 写作技巧

收条是收领钱物的凭证,因此在写作时要特别慎重,不能出现差错。关于收条的写作,具体注意事项表现在以下方面:

(1) 收条在拟写前,应该首先了解所收到钱物的具体信息,如应该对钱物的数额或数量进行清点,把握其品质和规格,确保准确无误。

(2) 在语言方面,收条应对没有必要写的内容进行删除,做到"务去陈言赘语"。

(3) 在内容上,不能进行涂改,以免造成不良后果。特别要注意的是,假如出现钱款数目,应该用大写。

(4) 作为代收人开据的收条更是要特别注意。这类收条应该以"代收到"为标题,并在落款部分署名处加"代收人:"字样。

7.3.4 案例模板:单位收条

单位出具的收条是以单位的名义出具的,由一人经手。这类收条应在其落款部分加以注意。如表 7-5 所示的收条是由单位开具的,希望通过这一具体案例,读者可以清楚地知道收条的写作模式。

表 7-5　单位收条的模板

标题	收　条
正文	今收到××大队××生产队种植专业户×××同志夫妇共同捐赠的办学经费伍仟圆整,一年生核桃苗伍拾株。
落款	长沙农业技术学校(盖章) 经手人:××× ××××年×月×日

【分析】这则以单位名义开具的收条,对收到的钱款、物品交代清楚,数目采用大写形式,同时写清了是从谁那儿收到的,非常简洁,陈言务去。在落款部分不仅有单位名称和公章,还有经手人的姓名,并注明了收到时间,清楚明白,格式规整。

> **专家提醒**
>
> 领条也是一种凭证类应用文书,它的格式与收条相似,不同的是内容。领条是对领到的钱物作出说明,一般也应该写清楚钱物的数量、品质和规格等,从写明发放钱物的单位或个人。它一般还在正文结尾写上"此据"字样,作为凭证说明。至于其落款完全可参考收条格式拟写。

7.4 协议书

协议书是凭证类公文的一种，从本质上来说，它是一种契约性文书。它有广义和狭义之分。从广义方面来看，协议书是指日常生活中所有的处理各种社会关系、事务达成一定协议时而写就的文书，是各种契约类文书的统称。本节从狭义的协议书角度，具体介绍其含义、格式、写作技巧和模板。

7.4.1 基本常识

协议书，从狭义的角度来看，它是指党政机关、社会团体、企事业单位和个人为了解决某一问题或确定某种法律关系，而经过谈判或协商取得一致意见后签署的具有法律效力的契约类文书，它也是一种凭证类公文。

从实质上来看，协议书就是一种具有法律效力的公文，具体表现如图7-3所示。

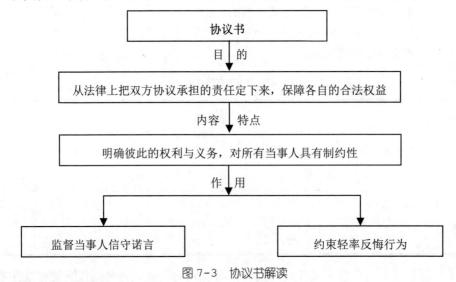

图7-3 协议书解读

7.4.2 格式要点

从结构上来看，协议书主要由标题、正文和落款三部分组成，具体内容如下。

1. 标题

协议书的标题，一般有两种写作形式：

(1) "双方单位名称+事由+文种"形式，即"××（单位）与××（单位）关于××协议书"；

(2) "事由+文种"形式，如《教育特色网站使用协议书》。

2. 正文

协议正文部分的条款比较多，首先是在开头写明签署协议书的背景、目的和依据等内容。

然后在正文主体部分写明协议的具体事项，主要包括当事人双方或多方的标的、协议的时间和期限、协议的条款和酬金、协议条款履行的期限以及违约责任。

协议的正文结尾部分一般是补充说明，如"协议未涉及的××另行协商解决"。

3. 落款

协议的落款与意向书相似，应注明当事人双方或多方的单位名称、代表人姓名和日期，并加盖印章。有时还会写明当事人的联系方式、开户银行及账号。

7.4.3 写作技巧

协议书是一种具有法律效力的文书，因此，在写作时需要遵循一定的原则和在一些方面加以注意，具体如下。

1. 注意内容的合法性

协议的内容首先应该是符合国家法律、法规和政策要求的，不能在其中出现与其相悖的内容。

2. 遵守订立的原则性

协议的签署应该遵守协商一致、平等互利和等价有偿的原则，具体如下。
协商一致：是在协商一致的基础上签署的，是出于当事人双方或多方自愿的；
平等互利：在协商过程中，应该遵守平等互利的原则，当事人之间的地位是平等的，并在合作过程中实现双赢或多赢；
等价有偿：要在遵循价值规律的情况下，做到等价有偿，体现写作精神。

3. 把握语言的准确性

与合同一样，协议的语言应写得准确具体，把当事人双方或多方协议的具体事项写得清楚明白，确保协议起到约束作用，以保证合作的正常运行。

7.4.4 案例模板：合作协议书

协议书是一种与合同相似的凭证类公文，无论是在格式还是在内容方面都存在相通之处。前面已经介绍了合同的写作模板，下面以《政府与大学战略合作协议书》为例，具体介绍协议书的写作模板，如表 7-6 所示。

表7-6 合作协议书的模板

	标题	政府与大学战略合作协议书
正文	开头	甲方：××区人民政府 乙方：××大学 在已经来临的知识经济时代，更多的信息和科学创新成果选择以英语为载体进行传播，并且随着社会的快速发展，英语在人们生活、学习、工作中交流频率也会越来越高。 为此，××区人民政府决定……，让英语为…… 为了实现以上目标，甲方(××区人民政府)和乙方(××大学)经过充分酝酿和协商，达成如下协议：
	主体	一、甲方为了……，诚恳邀请乙方…… 二、乙方……，给予甲方以力所能及的支持。 三、乙方对甲方的支持，主要包括：…… 四、甲方为乙方的在校学生提供……。
	结尾	五、具体合作项目以附件形式附后，附件由双方职能部门商定，另择时间签订。 六、本协议未涉及的项目及未尽操作性的事宜另行协商解决。
落款		甲方：××区人民政府(盖章)　　乙方：××大学(盖章) 代表签名：×××　　　　　　　代表签名：××× 日期：××××年×月×日　　　　日期：××××年×月×日
附件		附件一：(略) 附件二：(略) ……

【分析】 这是一篇合作协议书，重点介绍了政府与大学关于英语课程方面的合作。这篇协议在开头就点明了协议书签署的背景、依据和目的，并引出下文。在主体部分，就当事人双方的标的、协议期限、协议条款和酬金等内容进行了具体而准确的陈述。在结尾则对附件和未尽事项的处理做了说明，以便后续协议工作的开展。

专家提醒

前面已经提及，协议书与合同是有着相通之处的。其实，二者毕竟不是一种文体，存在着一些区别，具体表现在以下三个方面：

(1) 内容不同：协议书主要陈述协商一致的原则性意见，而不是对条款的细致、深入的说明，一般内容比较简单。而合同不同，它力求问题面面俱到，陈述详细、具体。

(2) 产生效力方式不同：协议书除了最初的文书之外，它还可以就相关问题通过签订合同进一步完善。而合同则是一次性生效文书，不能随意进行改动。

(3) 适用范围不同：协议书的适用范围是非常广泛的，可以针对各种事务进行协商并签署协议书。而合同主要是针对经济技术领域的合作事务。

第 8 章

讲话类公文：
用语恳切，简洁明了

学前提示

在日常生活中，人们总是通过话语来表达某一目的和某种意义，在讲话类公文拟写中也是如此，典型的如发言稿、开幕词、闭幕词、欢迎词和答谢词等。

本章将具体介绍讲话类公文的基础常识、格式要点、写作技巧和案例模板等方面的内容。

要点展示

- ➢ 发言稿
- ➢ 开幕词
- ➢ 闭幕词
- ➢ 欢迎词
- ➢ 答谢词

8.1　发言稿

发言稿，顾名思义，就是与会人员在会议上发言的稿子。这是各级党政机关、社会团体和企事业单位中广泛应用的一种公文文种。

发言稿有广义和狭义之分。广义的发言稿是人们在特定场合发表言论的文稿，狭义的发言稿是指一般与会人员在会议上发表的重点阐述意见、看法等文稿。在此，主要介绍狭义的发言稿。

从其含义上来看，发言稿包含了三个重要内容，即发言的主体、发言的对象和发言的内容，如图8-1所示。

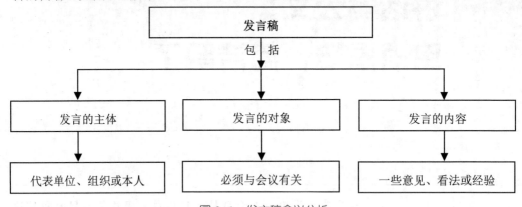

图8-1　发言稿含义分析

8.1.1　基本常识

公文拟写者要想写好一篇发言稿，首先应该了解发言稿的基本常识。在此，主要介绍发言稿的特点和主要类型，让读者对发言稿有一个大体的认识。

1. 发言稿的主要特点

发言稿作为一种主要运用在会议、集会等特定场合的文体，有其独有的特征。关于发言稿的特点，可从其内容、语言、篇幅和交流等方面来进行思考，具体内容如图8-2所示。

图8-2中的4个方面的特点是发言稿在写作中应该时时注意的，下面将对这4个特点进行具体介绍。

1) 把握内容的针对性

每篇文章都有一个要叙述的主体或对象，这是内容针对性的一个重要表现，对于发言稿而言，其针对性则表现得更加具体和广泛。

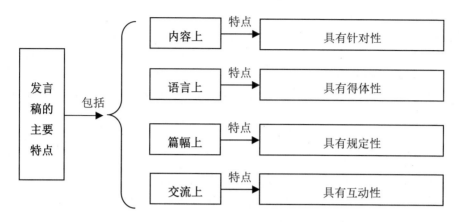

图 8-2 发言稿的主要特点

发言稿的终结是讲话的结束,它是在一定的情境中发表出来的,因此,发言稿的针对性除了内容主题的针对性外,它还在其他方面有重要体现,具体内容如下。

- 发言稿是围绕着会议的主题、性质和议题而展开的,因此,发言稿应该始终针对这些方面来提出自己的意见、观点或经验等;
- 发言稿的发表是在一定场合和背景中进行的,因此,发言稿应该在组织内容时把这些内容考虑进去并加以注意;
- 发言稿是基于一定的领导者指示和要求而言的,因此,发言稿应该把其具体观点界定在领导者指示和要求的衍生上;
- 发言稿并不只是讲给自己听,它有一定的受众,因此,发言稿还应该针对其身份、背景情况、心理需求和接受习惯等来撰写内容。

2) 注意语言的得体性

在语言方面,发言稿要满足两个方面的要求,即讲话人和受众双方,因此,其语言具有得体性的特点,具体表现如图 8-3 所示。

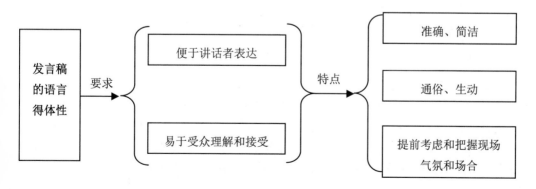

图 8-3 发言稿在语言上的得体性表现

3) 把握篇幅的规定性

一次会议是有时间限定的，因而一个人的发言时间有限。一般说来，发言稿的篇幅限定都以"×分钟以内"来表示，如三分钟以内、五分钟以内等，也就是发言稿的篇幅一般限定在 900 字以内或 1500 字以内。

因此，发言稿在篇幅上不能太长，否则不仅与发言稿在篇幅上的规定性特征相悖，而且在一些特定场合，还有可能产生喧宾夺主的负面效果，特别是诸如庆典、表彰等场合，更是不合适。

4) 把握交流的互动性

发言稿的发表，发生在讲话者与受众面对面的场合，这是一个能相互交流的场合，因此，发言稿还应该注意其在发表时能形成讲话者与受众之间的良好互动。

发言稿交流的互动性特征体现在讲话过程中，而这种互动性之所以能体现出来，就在于其在语言习惯和观点阐述上，要求符合人们的口语习惯，并将抽象的道理形象地表现出来，让人们一听就懂。

2. 发言稿的主要类型

发言稿从其内容上来看，主要可分为工作类发言稿和非工作类发言稿两大类。

其中，工作类发言稿是针对工作方面的问题、情况作出有建设性发言的文稿，一般都是对工作进行总结、对未来工作表达某种愿景和目标、对工作中出现的问题提出建议和意见，等等。

非工作类发言稿主要是在特定场合和有特定目的的发言，如纪念、表彰、庆祝等。这类发言稿更多的倾向于情感与与会目的的表达，内容上往往在时间方面有着很大跨度，即包括对过去、现在和未来具体情况的描绘，其主旨更多的是针对受众的精神感召。

8.1.2 格式要点

在格式上，发言稿有其基本固定的组成部分，一般包括标题和正文，且每一部分都有着特定要求，具体内容如下。

1. 标题

发言稿的标题主要可分为两种：

(1) "三要素"标题：这一种发言稿标题包括发言者、发言事由和文种类别三个完整的要素，如《×××(人名+职位或称呼语)在×××会议上的发言》。

当然，有时"三要素"并不是全在标题中体现出来，如发言事由缺失，有时还会在"三要素"以外再增添一些其他的会议和发言要素，如时间，可以用括号注明的方式标示出来。

(2)	"主+副"标题：这一种发言稿标题是在"三要素"标题这一副标题前加上一个能表达发言中心或主旨的主标题的标题，如《如何成为一名优秀的××(职位或职业)——在×××会议上的发言》。

2．正文

一般来说，一篇文章可分为三个部分，即开头、主体和结尾。发言稿也是如此。

发言稿的开头有如人们常说的"开场白"，一般都是先确定称谓，发言稿开头的称谓应该根据与会人员的情况和会议性质来决定。在称谓之后，要加上问候语，如"大家好！"然后才进入发言稿开头的正题，即从一个合适的角度切入发言的缘由，引出发言稿的主体内容。

在发言稿的主体内容上，应该围绕会议的内容和发言的目的来展开，或是对会议内容或传播精神的理解和把握，或是针对会议提出的问题发表自己的看法、观点，或是讲话者对未来发展或工作的愿景，等等，这些都是讲话稿主体部分可以选择的内容陈述方面。

结尾，自然是要结束全篇了，此时，应该对全篇作出总结，还可以针对讲话者的内容征询与会者的其他意见。并在发言最后对大家示以礼貌的感谢语，如"谢谢大家"。

8.1.3　写作技巧

在拟写发言稿的过程中，并不能随心而动，想到哪写到哪，而应该有一定的安排和掌握一定的技巧。具体来说，应该把握好内容和语言两个方面，注意在拟写时有技巧的表达。

1．内容上：有的放矢，中心突出，层次分明

发言稿的内容能够传达发言者的意图，因此，在内容上做到"有的放矢，中心突出和层次分明"才是写好发言稿的关键，具体如图8-4所示。

2．语言上："上口""入耳"，少陈词滥调

发言稿是需要讲话者说出来，因此，对讲话者来说，要"上口"，即发言稿要符合人们的口语习惯，尽量采用短句，并选用响亮的字眼，让人在表达时朗朗上口。

发言稿是要说给一定场合的受众听的，因此，对受众来说，要"入耳"，一方面，要求发言稿讲的是受众能听懂的话和内容，这就要求发言稿在语言上要通俗易懂；另一方面，要求发言稿讲的内容能让受众产生兴趣，这就要求发言稿应少陈词滥调，在语言的生动性方面下功夫。

发言稿只有做到"上口"和"入耳"，在发言稿的表达技巧上尽量往这一要求靠拢，才是写出一篇好的发言稿的前提和条件。

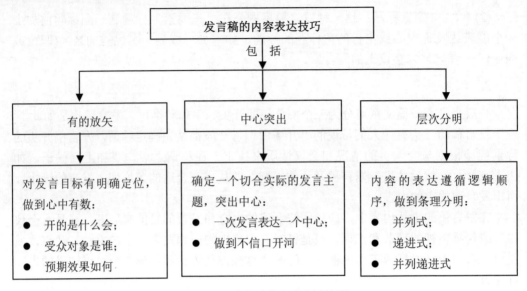

图 8-4　发言稿的内容表达技巧

8.1.4　案例模板 1：工作类发言稿

工作类发言稿是在会议上对重要工作加以阐述、评价或鼓动的讲话文稿，是对工作发展起着承上启下作用的精神文稿。作为一种重要的会议材料，工作类发言稿一般有着很强的指导性、号召性和总结性。下面以《工作会议表态发言稿》为例，具体介绍工作类发言稿的写作模板，如表 8-1 所示。

表 8-1　工作类发言稿的模板

标题		工作会议表态发言稿
正文	开头	尊敬的各位领导、同志们： 　　大家好！ 　　刚才聆听了×书记的讲话，我们×××中心全体人员，深受鞭策，备受鼓舞，同时，也深感肩上责任重大。今年来我们×××中心在××党工委、办事处的正确领导下，按照×委、×政府"三年"活动整体要求，以"选商聚智"、服务企业为重要抓手，不断提高自身的服务水平，努力推动街道经济又好又快地发展。上半年，税收、引进内资、合同利用外资、实到外资等主要指标完成得良好。指标的完成有我们经济部门的努力，但更离不开××领导、××部门以及各社区每一位人员的努力付出。为了顺利实现全年工作目标，做好下半年的工作，我们中心要扎扎实实做好以下三方面的工作：

正文	主体	一、明晰思路，认识再到位。坚持以抓好、抓实、抓紧为原则，不断创新招商机制，坚定不移地实施"走出去、引进来"战略。一方面主动走出去，组织招商小分队赴××、××、××、××等地开展招商引资活动，了解各方优势产业、新成果、新技术、新产品，并对项目建设成功案例及新思路进行探讨。向当地企业、团体负责人详细介绍我××的区位优势、政策优势、经济社会事业发展现状等情况。另一方面主动请进来，注重寻求招商信息，充分对有投资意向的客商，积极主动联系，邀请他们前来实地考察洽谈，努力使投资意向变为合作项目，使客商源变为投资源。 　　二、抓住重心，措施再强化。坚持以产业招商、集群招商为核心，以整合力量、全员招商为抓手，以错位发展、特色聚集为载体，抢占产业转移制高点。按照××制定的有关规章制度，抓好合同履约率、资金到位率、项目开工率等核心工作，确保各项工作落到实处。对照全年工作目标任务，明责任、抓进度，把责任落实到人、落实到位。 　　三、提升服务，实效再提高。不断提升服务水平，积极为客商、为企业提供优质高效的服务，营造良好的投资软环境。建立完善大项目建设干部联企制度，完善镇领导和镇干部责任制，实行点对点、面对面协调调度，全力推进大项目建设。采取从政策宣传、项目洽谈到办理手续的保姆式服务，以使引进企业"进来有信心、留下有发展"，提高工作实效。
	结尾	各位领导，同志们：我们坚信，有××党工委、办事处的坚强领导，通过大家的共同努力，做优秀，正卓越，一定能顺利完成全年各项经济指标，为××经济发展作出更大的贡献！ 　　我的发言完了，谢谢大家！

【分析】本文是一篇代表单位在会议上对下半年的工作进行表态的发言稿。它无论在内容上还是在语言上都符合发言稿的写作规范和要求，并有其独到之处。

首先，在内容上，开篇就对发言稿的缘由进行了交代，总结了上半年的工作成绩，由此引入实现下半年的工作目标应该怎么做的中心主题。在正文主体部分，条分缕析、层次分明地介绍了怎么做的具体内容，从认识到措施再到实效，一步步深入。

其次，在语言上，很好地体现了得体性和互动性，并更多地利用短句和响亮的字眼来引起受众注意。

8.1.5 案例模板2：纪念类发言稿

纪念类发言稿也是一种重要发言稿，它主要是在肯定和颂扬历史事件的重要意义或历史人物的伟大功绩的基础上，做好精神感召。

下面以《在纪念红军长征胜利80周年大会上的讲话(节选)》为例，具体介绍纪念类发言稿的写作模板，如表 8-2 所示。

表 8-2 纪念类发言稿模板

标题		在纪念红军长征胜利 80 周年大会上的讲话(节选)
正文	开头	同志们： 今天，我们在这里隆重集会，纪念中国工农红军长征胜利 80 周年。 ……
	主体	穿越历史的沧桑巨变，回望 80 年前那段苦难和辉煌，我们更加深刻地认识到，长征在我们党、国家、军队发展史上具有十分伟大的意义，对中华民族历史进程具有十分深远的影响。 ——长征是一次理想信念的伟大远征。崇高的理想，坚定的信念，永远是中国共产党人的政治灵魂。中国共产党从成立之日起，就把共产主义确立为远大理想，始终团结带领中国人民朝着这个伟大理想前行。党和红军几经挫折而不断奋起，历尽苦难而淬火成钢，归根到底在于心中的远大理想和革命信念始终坚定执着，始终闪耀着火热的光芒。 长征途中，英雄的红军，血战湘江，四渡赤水，巧渡金沙江，强渡大渡河，飞夺泸定桥，鏖战独树镇，勇克包座，转战乌蒙山，击退上百万穷凶极恶的追兵阻敌，征服空气稀薄的冰山雪岭，穿越渺无人烟的沼泽草地，纵横十余省，长驱二万五千里。主力红军长征后，留在根据地的红军队伍和游击队，在极端困难的条件下，紧紧依靠人民群众，坚持游击战争。西北地区红军创建陕甘革命根据地，同先期到达陕北的红二十五军一起打破了敌人的重兵"围剿"，为党中央把中国革命的大本营安置在西北创造了条件。东北抗日联军、坚持在国民党统治区工作的党组织以及党领导的各方面力量都进行了艰苦卓绝的斗争，都为长征胜利作出了不可磨灭的贡献。 长征的胜利，是中国共产党人理想的胜利，是中国共产党人信念的胜利。"风雨浸衣骨更硬，野菜充饥志越坚；官兵一致同甘苦，革命理想高于天。"在风雨如磐的长征路上，崇高的理想、坚定的信念，激励和指引着红军一路向前。在红一方面军二万五千里的征途上，平均每 300 米就有一名红军牺牲。长征这条红飘带，是无数红军的鲜血染成的。艰难可以摧残人的肉体，死亡可以夺走人的生命，但没有任何力量能够动摇中国共产党人的理想信念。 长征的胜利，靠的是红军将士压倒一切敌人而不被任何敌人所压倒、征服一切困难而不被任何困难所征服的英雄气概和革命精神。长征向全中国、向全世界庄严宣告，中国共产党及其领导的人民军队，是用马克思主义武装的、以共产主义为崇高理想和坚定信念的。长征路上的苦难、曲折、死亡，检验了中国共产党人的理想信念，向世人证明了中国共产党人的理想信念是坚不可摧的。

续表

| 正文 | 主体 | ——长征是一次检验真理的伟大远征。真理只有在实践中才能得到检验，真理只有在实践中才能得到确立。长征途中，红军面临着凶恶残暴的追兵阻敌，面临着严酷恶劣的自然环境，还面临着同党内错误思想的激烈斗争。经过长征，党和红军不是弱了，而是更强了，因为我们党找到了中国革命的正确道路，找到了指引这条道路的正确理论。
　　长征途中，……
　　长征的胜利，……
　　长征的胜利，……
　　——长征是一次唤醒民众的伟大远征。红军打胜仗，人民是靠山。长征是历史纪录上的第一次，长征是宣言书，长征是宣传队，长征是播种机。面对正义和邪恶两种力量的交锋、光明和黑暗两种前途的抉择，我们党始终植根于人民，联系群众、宣传群众、武装群众、团结群众、依靠群众，以自己的模范行动，赢得了人民群众真心拥护和支持，广大人民群众是长征胜利的力量源泉。
　　长征途中，……
　　长征的胜利，……
　　长征的胜利，……
　　——长征是一次开创新局的伟大远征。长征的胜利，是方向和道路的胜利。长征的过程，不仅是战胜敌人、赢得胜利、实现战略目标的过程，而且是联系实际、创新理论、探索革命道路的过程。长征出发前，由于党内"左"倾教条主义的错误领导，中央革命根据地第五次反"围剿"失败，其他根据地也遭受挫折，中国革命面临着方向和道路的抉择。面对乱云飞渡、惊涛骇浪，我们党表现出无所畏惧的伟大实践精神，表现出浴火重生的伟大创造精神，在血与火中蹚出了一条走向新生、走向胜利的革命道路。
　　长征途中，……
　　长征的胜利，……
　　长征的胜利，……
　　…… |
| | 结尾 | 　　长征胜利 80 年来，我们党团结带领全国各族人民，不断推进革命、建设、改革伟大事业，进行了一次又一次波澜壮阔的伟大长征，夺取了一个又一个举世瞩目的伟大胜利。
　　现在，我们比历史上任何时期都更接近中华民族伟大复兴的目标，比历史上任何时期都更有信心、有能力实现这个目标。我们这一代人，继承了前人的事业，进行着今天的奋斗，更要开辟明天的道路。
　　蓝图已绘就，奋进正当时。前进道路上，我们要大力弘扬伟大的长征精神，激励和鼓舞全党全军全国各族人民特别是青年一代发奋图强、奋发有为，继续把革命前辈开创的伟大事业推向前进，在实现"两个一百年"奋斗目标、实现中华民族伟大复兴中国梦新的长征路上续写新的篇章、创造新的辉煌！ |

【分析】这一案例节选自《习近平在纪念红军长征胜利 80 周年大会上的讲话》,全篇在开头就点出了该篇讲话稿的发言缘由,即纪念中国工农红军长征胜利 80 周年,接下来所有的内容都是围绕红军长征这一主题展开的。

此处节选部分的中心内容就是长征胜利的历史意义。它也在该部分的开头就展示了本节内容的中心,"长征在我们党、国家、军队发展史上具有十分伟大的意义,对中华民族历史进程具有十分深远的影响",总括下文,让听众明白接下来要讲的具体内容是什么,在理解和认识上提供一个信号。

在接下来的正文主体部分,讲话者以 4 组排比来具体论述,即"长征是一次理想信念的伟大远征""长征是一次检验真理的伟大远征""长征是一次唤醒民众的伟大远征"和"长征是一次开创新局的伟大远征"。这 4 组排比在逻辑上是一个由浅入深、由小到大的递进顺序,且每一组排比在分述时都结构为 4 段,即先总述,然后以"长征途中,……""长征的胜利,……"和"长征的胜利,……"来完成论点的叙述,显得文章结构清楚、整齐,说理铿锵有力、逻辑严密。

全篇最后在结构上转为"总",对当前意义和成就进行了概况论述,并展现了未来长征精神的伟大意义。

综上所述,讲话者采取的三重"总—分"的结构,即全篇采取总—分—总的结构,在各部分中又有总—分,在各部分的分论点上又有总—分,且以有着强大气势的排比来增强说理的严密性和抒情的深厚性,是一篇难得的发言稿佳作。

8.2 开幕词

开幕,其含义由"表演开始时拉开舞台前的幕"发展到"一件事、一种情况的开始",由此也赋予了与开幕有关的衍生词新的含义。其中,"开幕词"表示会议或重大活动开始时的正式讲话文稿。本节将具体介绍讲话类公文"开幕词"的基本常识、格式要点、写作技巧和模板。

8.2.1 基本常识

开幕词作为一种讲话类公文,是发表在会议或重大活动开始时,其讲话者可以是会议或重要活动的主持人,抑或是相关部门的主要领导。一般说来,在会议或重大活动场合,开幕词是必需的,这主要是由其所具有的宣告性和引导性决定的,除了这两个特征之外,开幕词一般还具有简明性和口语性,具体内容如图 8-5 所示。

从内容上来说,开幕词是有着差异性的,这种差异性表现在其内容的表达方式上。从这一方面而言,开幕词主要分为两类,即一般性开幕词和侧重性开幕词,具体内容如图 8-6 所示。

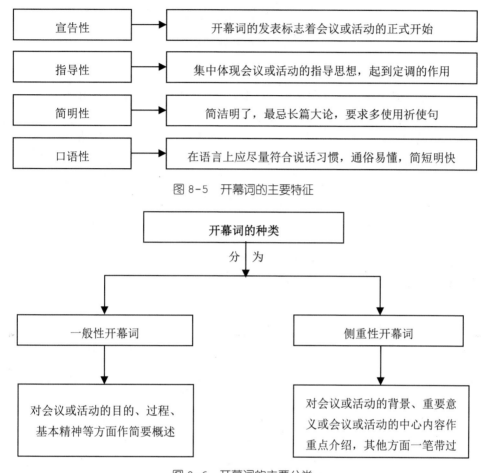

图 8-5　开幕词的主要特征

图 8-6　开幕词的主要分类

8.2.2　格式要点

在开幕词文稿中，与发言稿类似，也主要由标题和正文两部分组成。

1. 标题

在标题写作上，开幕式标题也分为两类。

(1) 基本要素标题：这一种开幕词标题包括了主持人(或领导人)、会议(或活动)全称和文种类别等要素，如《×××(人名+职位或称呼语)在×××会议上的开幕词》，或者是会议(或活动)全称和文种类别两个基本要素，如《×××大会开幕词》。

(2) "主+副"标题：这一种开幕词标题是在包含基本要素的副标题前加上一个能表达会议或活动中心、主旨的主标题，格式如：

追求卓越，崇尚质量

——×××大会开幕词

2. 正文

一般说来，开幕词的正文也是由三部分组成的，即开头语、主体和结语。

开幕词的开头语应该包括三个必要要素，具体内容如下：

- 称谓：一般表示会议或活动的性质以及参与者的特定称谓。根据参与者的不同，开幕词的称谓各有不同，一般来说，写作"各位××""女士们，先生们"等，然而当有特邀嘉宾参加时，应该对其加以特定说明，如写作"尊敬的××先生，各位××，朋友们"等。
- 宣布开幕：它紧接称谓后，在格式上应另为一段开头，一般写作为"××××大会(或活动)今天开幕了"，注意要独立成句。
- 会议情况简介：一般在开头作简要介绍的内容包括会议和活动的规模、参与者的身份等，当然也应该对会议的召开或活动的举行和参与者表示祝贺。

在开头语中，宣布开幕与会议情况简介应独立成段，从而与主体部分分开，即使只有很短的内容也是如此。

在正文的主体部分，主要应该对会议或活动的三个内容作出具体说明，如图 8-7 所示。

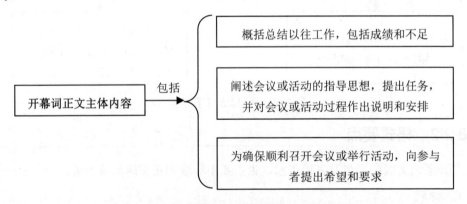

图 8-7　开幕词正文主体的主要内容安排

开幕词的结语，一般都是带有鼓动性的口号，如"预祝大会/运动会获得圆满成功"，并在语言上力求简短、有力。与开头语的宣布开幕和会议情况简介一样，结语也应该独立成段。

8.2.3　写作技巧

在写作开幕词的过程中，应该从两个方面把握写作技巧：

一是应该注意格式方面的技巧,开幕词拟写者应该严格按照其格式要求拟写,而不是胡乱进行公文内容的组合。因此,在格式上,应该段落、层次分明,标题、开头语、正文和结语等应该各就其位,并注意彼此之间的段落划分。只有严格按照开幕词格式拟写的文稿,才能称之为一篇合格的文稿。

二是应该注意内容方面的写作技巧。从这一角度来说,公文的写作应该在内容和语言应用上符合开幕词的要求,具体内容如图8-8所示。

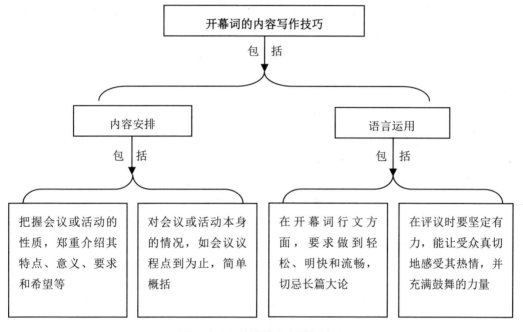

图8-8 开幕词的内容写作技巧

8.2.4 案例模板1:一般性开幕词

一般性开幕词是一种常用的开幕词,一般对会议或活动的各个方面都进行简要介绍,没有明显的侧重点,这是与侧重性开幕词最主要的区别。

下面以《××学会第×次会员代表大会开幕词》为例,具体介绍一般性开幕词的写作模板,如表8-3所示。

表8-3 一般性开幕词的模板

标题		××学会第×次会员代表大会开幕词
正文	开头	尊敬的×主席,各位来宾,各位代表: 中国××学会第×次会员代表大会现在开幕!首先,请允许我代表中国××学会向莅临大会的×××主席和各位来宾表示热烈的欢迎和衷心的感谢!

续表

正文	主体	这次大会的主题是：坚持以邓小平理论和"三个代表"重要思想为指导，贯彻党的××大××届×中、×中、×中全会精神，全面落实科学发展观，进一步广泛开展教育学术研究与实践活动，为实现"×××"规划确立的教育目标贡献力量。 根据学会章程，本次大会的任务是：审议第×届理事会的工作报告和财务报告，选举并产生第×届理事会，选举产生理事长、副理事长、秘书长和常务理事，推举名誉会长，聘请顾问，研究理事会今后的主要工作。 自第×次会员代表大会以来，学会在教育部党组的领导下，在各级教育行政部门的支持下，团结广大教育工作者，牢固树立并全面落实科学发展观，广泛开展了课堂教学改革，深入研究有效教学，着力提高课堂教学质量，在为教育决策服务、为教育改革和发展服务、为繁荣教育科学服务等方面发挥了积极作用。 要实现人的全面发展，基础教育必不可少，它承担着为培育高素质人才奠定基础的重要责任。进入21世纪以来，我国基础教育事业的发展取得了令世人瞩目的伟大成就，展现了鼓舞人心的美好前景，同时面临着严峻的挑战。因此，通过全面推进素质教育以提高教育质量，通过健全教育管理制度以规范教育秩序，是党和政府对基础教育工作的要求，也是广大群众对基础教育工作的期望。这一切都为学会工作提出了新课题，也为学会活动拓展了广阔空间。 中国××学会是在党的方针指引下的群众性教育学术团体，我们要深入贯彻落实《国家中长期教育改革和发展规划纲要》，坚定不移地坚持解放思想、实事求是、与时俱进的思想路线，坚持贯彻党和国家的教育方针，全面促进基础教育课程改革健康、持续发展。要贯彻"百花齐放，百家争鸣"的方针，加强教学创新研究，促进教学改革，鼓励学术创新，倡导良好学风。要从教育改革的实践中选取课题，组织广大教育工作者参与研究，并用研究成果指导群众实践，不断提高教育工作者队伍的素质与水平。我们相信，只要努力做好学会工作，充分体现学会引领性、学术性、群众性和公益性的特征，我们就一定能成为党和政府在基础教育领域的有力助手，成为站在教育科学学术前沿的探索平台、充满生机与活力的教育工作者之家。
	结尾	同志们，新一届理事会即将诞生，在各级领导的关怀下，在广大教育工作者的共同努力下，新一届学会的工作必将进一步继承和发扬开拓进取、求实创新的传统，为促进我国教学改革的科学发展和切实提高教育质量作出更大的贡献！ 预祝代表大会圆满成功！

【分析】这是一篇典型的一般性开幕词，会议基本精神、任务和过程等都在文章

中作了简要描述。无论是从内容还是格式上来说,这都是一篇合乎规范、优秀的一般性开幕词。

从格式上来看,其标题、正文都在符合开幕式格式要求的情况下体现了会议的特征和性质。特别是在开幕式开头语"三要素"和开头、结语需要独立成段的部分都完全体现了开幕式的结构特征。

从内容上来看,这篇开幕词在内容安排上详略得当,对诸如会议议程和会议任务等会议本身的情况进行概括,让受众在了解了相关情况的同时不会觉得太烦琐,而对体现会议性质的成就、意义、要求和希望等则作了郑重介绍,让受众更深刻地了解和掌握会议召开的宗旨和目的,促进大会顺利进行,从而让相关人员在会议基本思想的指导下更好地完成工作任务。

8.2.5　案例模板2:侧重性开幕词

侧重性开幕词就是对会议或活动的某一方面重点阐述和关注的开幕词,诸如纪念大会的开幕词侧重对其背景和意义进行介绍,具有鼓动性的活动的开幕词侧重对活动的希望和要求进行介绍。这类开幕词能让受众更加深刻地了解会议或活动的意义和特点,也是一种比较常用的开幕词。

下面以《×届校园读书节开幕词》为例,具体介绍侧重性开幕词的写作模板,如表8-4所示。

表8-4　侧重性开幕词的模板

标题		×届校园读书节开幕词
正文	开头	各位老师、同学们: 　　大家好! 　　今天,我们在这里举行隆重的×届校园读书节启动仪式,目的就是通过倡导读书,营造一种人人读好书、读书好、好读书的浓厚氛围,不断提高广大师生的内在文化素质。
	主体	同学们,书籍是人类进步的阶梯,帮助人们登上理想的高峰;书籍是人类健康的良药,帮助人们医治愚昧的顽症;书籍是屹立知识海洋的灯塔,帮助人们踏上正确的人生征程。 　　借此机会,我想对同学们提出三点希望: 　　一是要养成爱读书的习惯。习惯是一步步养成的,一个好的习惯能给我们带来巨大的益处,甚至能影响整个人生。而养成爱读书的好习惯,更是人生积累知识、丰富阅历、提升自身综合素质的最重要途径。因此,我们应该经常读书,与书为伴,经常问一问自己:今天,你读书了吗?

续表

正文	主体	二是要持之以恒。古人云，"读书破万卷，下笔如有神"，可见，读书是需要持之以恒的。我们要想做到与时俱进，永不落后，就要坚持读书，读好书。因此，我希望通过这次读书节活动的倡导，能让我们养成一个坚持读书、终身读书的观念，在读书的道路上越走越远、越走越稳。 三是要经常参加读书活动。校园读书节是我们大家的共同节日，让我们记住今年读书节的主题——"让读书成为习惯，让书香溢满校园"。在这次活动期间，学校将举办各种与读书有关的、内容丰富、形式多样的活动，希望我们每一位同学都能积极参加，并从中获得新知，享受快乐。
	结尾	老师们、同学们，让我们以书为友，以书作舟，一起走向书的海洋。最后，祝本届校园读书节取得圆满成功，祝老师、同学们过一个"丰收"的读书节！谢谢大家！

【分析】这篇开幕词是一篇针对校园读书节活动的开幕词。与上一篇会议开幕词相比，这篇开幕词在格式和内容上都有明显不同的特点。

在格式上，这篇开幕词在遵循一定规则的前提下显得更加灵活，如开幕的宣告和与会者的介绍，或是换了一种方式表达，或是嵌入内容中没有明显地展示出来。

在内容上，这篇开幕词的正文主体围绕活动希望和要求而展开，能加深受众对这些希望和要求的印象，从而更好地达到活动开展的目的。且主体部分是分三个方面具体介绍的，层次清晰，在语言上符合人们的口语习惯，通俗易懂，坚定有力，能更好地体现读书节活动的基本精神。

8.3 闭幕词

在发生时间上，闭幕词是与开幕词完全相对的，闭幕词发表在会议或重大活动的结束。从广义上来说，它也是一种重要讲话类文稿。本节将从闭幕词的基础常识、格式要点、写作技巧和案例等方面进行具体介绍，以期帮助读者写好闭幕词。

8.3.1 基本常识

闭幕词是会议或重要活动的主要领导人代表举办单位在会议或活动结束时的具有总结性的讲话文稿，它标志着会议或重要活动的结束。无论是其简明化和口语化的特点，还是其种类，闭幕词与开幕词都是一样的。一般来说，在会议或重要活动开始时有开幕词的，都会有闭幕词这一个程序。

在具体特点上，闭幕词除了具有口语化与简明性的特征外，它还具有三个方面的特点，具体内容如图8-9所示。

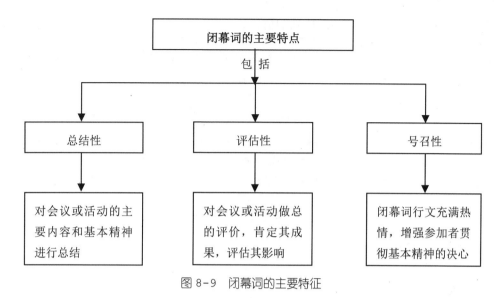

图 8-9 闭幕词的主要特征

从闭幕词的含义和特点出发，其作用显而易见。具体说来，闭幕词具有以下四个作用：

(1) 宣告闭幕：闭幕词的发表标志着会议或活动的圆满结束。

(2) 总结情况：闭幕词主要是对会议或活动情况的总结，有助于加深参与者对会议或活动的了解。

(3) 正确评估：对会议或活动进行总的评估是闭幕词的一项重要内容，且在评估中，会肯定其成果，这有利于参与者把握基本精神。

(4) 提出希望：这是由闭幕词的号召性决定的。闭幕词在对人们提出希望的同时，也有利于会议或活动基本精神的传扬。

8.3.2 格式要点

闭幕词与开幕词的结构基本相同，不同的是其内容的侧重点，因此闭幕词在格式上主要注意以下几个方面：

(1) 注意闭幕词的称谓之后的正文开头部分，拟写者应该另起一段首先宣告会议或活动的闭幕，然后对其进程和具体情况进行简要概述，并简单、中肯地对其成果、意义和影响进行评估。

(2) 注意闭幕词的正文主体部分应该按序写明的详细内容，一般来说，应该包括三个方面，如图 8-10 所示。

(3) 注意闭幕词的正文结语部分，应该首先发出号召，提出希望，最后郑重宣布会议或活动的闭幕。

(4) 注意闭幕词与开幕词的联系，拟写者应该让闭幕词与开幕词前后呼应，首尾衔接，从而呈现会议或活动圆满成功的情况。

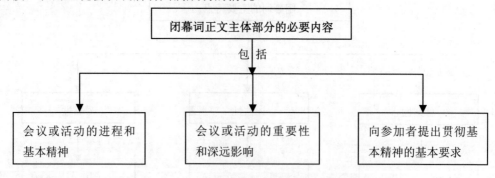

图 8-10　闭幕词正文主体部分的必要内容

8.3.3　写作技巧

闭幕词作为一种常见的公文类型，有其特定的写作技巧。只有在遵循其写作格式的基础上，并掌握和运用一定的技巧，才能创造出一篇好的闭幕词。一般来说，写作闭幕词应该有四个方面的要求和写作技巧，具体内容如下。

1. 内容安排

在内容上，闭幕词的写作技巧集中表现在其对整个会议活动的总结上，即内容的概括性和前后照应。从这两个方面出发，闭幕词内容安排的总结性有了一个具体的呈现方向：

- 内容要具有概括性，且这种概括应该是准确、得体的，不能胡编乱造；
- 内容要前后照应，即与开幕词、与会议或活动的主题、与会议或活动的主要问题这三个方面都能衔接上，能找到彼此之间的连接线索。

2. 逻辑安排

在逻辑上，闭幕词应该有一个符合条理、层次清楚的特定顺序，而不是把文字和段落进行简单组合。因此，从这一角度来说，闭幕词的逻辑安排应该在符合逻辑性的基础上注意三个要求，如图 8-11 所示。

3. 语言运用

在语言运用方面，闭幕词应该使其语言尽量体现其号召性和鼓动性，因此，闭幕词的语言在写作时需要满足以下两个要求，才能充分体现讲话者的理论水平和风范：

- 庄重得体的风格要求；
- 激情昂扬的情感要求。

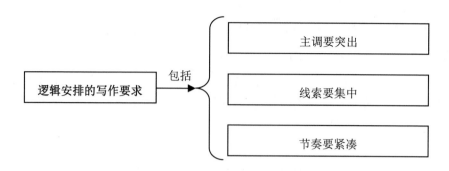

图 8-8　闭幕词内容逻辑性的写作要求

4．风格呈现

闭幕词在整个风格上应该充分体现其简明性，也就是说，无论是文字、语言，还是写作手法和篇幅，都应该尽量往简明性方向靠拢，呈现出简洁、精练、集中的风格要求。

8.3.4　开幕词和闭幕词的关系

开幕词和闭幕词分别发表于会议或活动过程的两端，是针对一个相同会议或活动而言的，因此它们既有联系又有区别——两者之间各有侧重又遥相呼应，具体如表 8-5 所示。

表 8-5　开幕词与闭幕词的关系

关　系		具体内容
联系		两者的写作都重在概括：开幕词概括会议或活动的任务和意义，闭幕词概括会议或活动的基本精神和成果
		两者都体现出号召性：开幕词在于号召参与者积极投入会议或活动中，闭幕词在于号召参与者努力实现任务
		两者都不是作为会议或活动的主体而存在的，因而篇幅都应简短
区别	开幕词	重在给予指导，主要阐述其宗旨和任务，它拉开启动的帷幕，并动员参与者带着明确任务和激情投入其中
	闭幕词	重在进行总结，主要概括其基本精神和成果，它落下结束的帷幕，号召参与者在实践中贯彻其基本精神和使命

8.3.5 案例模板：大会闭幕词

在拟写闭幕词时，作者首先应该想到的是对各部分格式有一个清晰的认识，然后思考怎样合理地结构谋篇，并应用符合闭幕词风格的语言文字把闭幕词呈现出来。

下面以《××县第××届人民代表大会第×次会议闭幕词》为例，具体介绍闭幕词的拟写模板，如表8-6所示。

表8-6 闭幕词的模板

标题		××县第××届人民代表大会第×次会议闭幕词
正文	开头	各位代表、同志们： 　　××县第××届人民代表大会第××次会议，在县委及大会主席团的领导下，经过全体代表和与会人员的共同努力，圆满完成了各项议程，今天就要胜利闭幕了。在此，我谨以大会主席团的名义，向各位代表和列席会议的同志表示崇高的敬意！向为大会认真服务的全体工作人员表示衷心的感谢！
	主体	会议期间，代表们肩负全县人民的重托，以饱满的政治热情和对党对人民高度负责的主人翁精神，认真履行宪法和法律赋予的神圣职责，听取、审议了县人民政府、县人大常委会、县人民法院、县人民检察院等工作报告，通过了各项决议，补选了县人大常委会委员，充分体现了全县人民的意志和愿望。会议始终洋溢着民主、团结、奋进的气氛，体现了务实、创新、发展的精神，是一次统一思想、振奋精神的大会，是一次发扬民主、集思广益的大会，也是一次求真务实、团结奋进的大会。这次会议的圆满成功，对进一步动员和激励全县各族人民，开创我县政治、经济、社会发展的新局面，必将产生重要的作用。 　　今年是实施"十三五"规划的开局之年，也是加快实现我县发展的关键一年。现在，目标已确定，措施已明确，关键是要狠抓落实。在新的一年里，全县行政机关及其工作人员一要坚持党的领导，把重点放在贯彻县委决策部署和服务中心工作上，认真履行宪法和法律赋予的职责，全力推进全县经济社会平稳较快发展。县人大及其常委会要坚持以经济建设为中心，围绕推进依法治县进程，服务全县工作大局，理清思路，突出重点，团结奋进，努力开创人大工作新局面。要创新代表工作，把重点放在建立工作机制和增强活动实效上，支持和保障代表依法行使职权，激发代表的履职积极性，发挥代表的作用，把全县人民的力量凝聚到经济社会建设上来。要积极宣传和带头贯彻执行大会通过的各项报告、决议，在县委的领导下，按照科学发展观的要求，团结一致，开拓进取，为推动全县经济社会科学发展、和谐发展、跨越式发展做出新的更大的贡献！
	结尾	现在，我宣布，××县第××届人民代表大会第×次会议胜利闭幕。

【分析】本文是一篇人民代表大会闭幕词。

首先,这篇闭幕词的拟写者在结构上体现了其规范性和严谨性,无论是称谓的表达,还是开头和结尾闭幕的宣布,都有着闭幕词的经典格式烙印。

其次,从内容上来看,特别是正文主体部分的内容,完全包含了闭幕词的三个方面的内容,且这三个方面的内容是按照一般闭幕词的顺序结构成文的,即首先介绍会议的进程和基本思想,然后简要介绍了会议的重要影响,最后对与会者和各位人大代表提出了贯彻执行会议基本精神和主要任务的基本要求。

当读者阅读这篇闭幕词时,明显可以感觉到其中昂扬、奋进的激情,因此,在从语言运用上来看,这篇闭幕词也是一篇完全符合闭幕词用语习惯和风格的公文文稿。

综上所述,可以看出本文是一个在各方面符合要求的、典型的闭幕词模板,可供需要者参考。

8.4 欢迎词

欢迎词,顾名思义,即对人表示欢迎的讲话稿。一般来说,它用在接待或招待客人比较正式的场合,是主人方为表示欢迎而在宴会、座谈会等场合发表的讲话。

8.4.1 基本常识

作为一种非常重要的公共礼仪文书,在很多场合都会用到,那么,欢迎词具体有哪些类别呢?欢迎词可从两个角度进行划分,具体内容如表8-7所示。

表8-7 欢迎词的类别

类 别		具体内容
根据社交性质划分	公事往来欢迎词	一般用在较庄重的公共事务,因而在要求方面比较正式和严格,且应该有事先拟好的正式书面文稿
	私人交往欢迎词	一般用在非官方的场合,不要求事先拟好文稿,因而具有很大的即时性、现场性
根据表达方式划分	现场讲演欢迎词	一般是主人方在客人到达时现场发表的文稿
	报刊发表欢迎词	一般是在报刊等公开发行刊物上发表的表示欢迎的文稿,其发表时间多为客人到达前后

无论是哪种类型的欢迎词，都是用在表示欢迎这一特定场合中的，因而，呈现出两个明显的特征，具体如下。

(1) 口语化。口语化是所有讲话类公文的主要特征，欢迎词也不例外。况且，相对于发言稿、开幕词和闭幕词等讲话类公文而言，欢迎词的口语化特征更加明显，这是由其性质和用途决定的，即它首先是一种向宾客口头表达的讲话，其次它意在拉近与宾客之间的关系，这两者都要求欢迎词在口语化方面应更加体现生活化，在语言的简洁性和生活的情趣化方面下功夫。

(2) 欢愉性。欢迎词是对宾客表示欢迎的讲话，整体上要求体现一种欢愉的氛围，因而在语言上应该是欢快和充满情感的，能带给宾客一种"宾至如归"的感觉，从而为接下来的各种活动提供一个完满实现的基础。

8.4.2 格式要点

欢迎词也是一种讲话稿，因此，在格式上与发言稿和开幕词、闭幕词有着许多相似之处，如标题的组成、称谓等，当然也是存在差异的。下面将具体介绍在拟写欢迎词时应该注意的格式问题，帮助读者掌握拟写欢迎词的要点，以便更好地创作出合乎规范的欢迎词。

1. 标题

欢迎词的标题可根据不同场合具体拟写。一般情况下，以"欢迎词"作为标题，这类标题格式使其显得鲜明、简洁，突出了其文种。

当在比较正式的场合下，其标题的拟写也有多个要素，格式如下：

(1) 致词场合+致词人+文种：一般表示为《×××(致词人)在×××(致词场合)上的欢迎词》《在×××(致词场合)上×××(致词人)的欢迎词》，有时还可以直接把"欢迎词"替换成"讲话"。

(2) 致词场合+文种：一般表示为《在×××上的欢迎词》，这是省略了致词人的欢迎词。

2. 称谓

相对于其他讲话类公文而言，欢迎词的称谓更加重要，因此作为一个单独的组成部分来介绍。

欢迎词的称谓，首先，应该注意的是要写敬词，即在称呼前面加上"尊敬的""亲爱的"等修饰语，这样显得亲切；其次，应该注意称呼要写全称，让受众明白欢迎词的宾客对象，更加确切地表示出来。如"尊敬的×××总理阁下""亲爱的×××先生"，就是加了敬词和写明了全称的称谓用法。

当来宾来自不同方面时，欢迎词的称谓也应该把各个方面照顾到，这样可以既表示对主要来宾的尊重，也能表示对其他来宾的欢迎。

当然，面对集体成员，也可以用"各位来宾"或"女士们、先生们"来称呼，这是一种适用于各种场合的称谓用法。

3．正文

在欢迎词的正文部分，主要应该包括以下三个方面的内容：

(1) 致词的缘由，也就是让来宾明白这篇欢迎词的发表是在什么情况下、代表谁的，并向宾客表示欢迎、感谢和问候。

(2) 来访目的和意义，也就是对宾客到来的目的和意义进行介绍，让大家明白此次欢迎的重要性。

(3) 双方的交往，这是欢迎词中一项非常重要的内容，一般有双方交往的历史、赞扬来宾在交往中所作出的贡献、双方合作的成果以及期待进一步交往的意愿，这些都是在欢迎词中要重点阐述的内容。

(4) 表达祝愿或希望，这是欢迎词正文最后需要表达的，不可或缺。

当然，假如来宾是初次来访的，对自身所代表的组织进行介绍以便来宾了解也是一项非常重要的内容。

4．落款

在欢迎词正文的右下侧，应该写明致词的机关和致词人，并注明日期。当然，这一内容在演说时是不需要表达出来的，只有在正式发表之时才会出现。有时也可把这一内容移至标题之下，让读者明白即可。

8.4.3 写作技巧

欢迎词是基于社交礼仪场合而使用的讲话类公文类型，在拟写时要特别注意不要失礼和篇幅过长。因此，优秀欢迎词的拟写应该掌握以下技巧：

1．友好和真情

在欢迎词的拟写中，友好和真情应该是第一要义。在文中，注意时刻表达致词方的友好和热情是一个非常重要的写作技巧，在己方原则的表述上也要注意这一问题。当双方原则一致时，要热情礼貌地赞扬双方坚持这一原则产生的作用；当双方原则存在分歧时，要巧妙而得体地在不伤害双方感情的情况下表达自己的立场和原则，从而使双方的交往和合作持续稳定地发展下去。

2．措辞慎重

在欢迎词的演说中，在措辞方面应该特别注意，首先应该慎重，不要毫无顾忌地信口胡说，其次在一些风俗习惯方面，也应该表示尊重，从而避免犯了来宾的忌讳，引起不必要的误会。

3. 用语简明扼要

在语言表达方面,欢迎词要注意其简明性,即应该以简明扼要的语言清楚地表达致词方的欢迎之意,让来宾感受到其中的亲切和自然,而不是用虚言浮词和空洞乏味的语言来过多地描述,否则,容易让来宾产生反感的情绪,不利于双方之间的交往和合作。

4. 篇幅短小

在篇幅上,欢迎词作为一种礼仪上的外交或公关辞令,切忌长篇大论,应该力求简短,一般以两三百字为宜,在这样的篇幅范围内,既能表达致词方的欢迎之意,又不至于冲淡特定场合的和谐气氛。

8.4.4 案例模板1:外交礼仪欢迎词

在国与国之间的交往和合作中,外交礼仪是一个需要重点注意的问题。其中,欢迎词的运用就是一个重要的表现。在此,以《×××大使在"×××青年外交官论坛"上的欢迎辞》为模板,具体介绍欢迎词的写作,如表8-8所示。

表8-8 外交礼仪欢迎词的模板

标题		×××大使在"×××青年外交官论坛"上的欢迎辞
称谓		尊敬的××大使,各位青年朋友:
正文	开头	欢迎大家做客中国常驻团,出席××届"×××青年外交官论坛"。感谢××大使和×××安全政策中心为论坛举办提供的协助与支持。
	主体	在×××发起青年外交官论坛的设想酝酿已久,中国常驻团很荣幸主办了××届论坛。 为什么选择青年外交官作为论坛主角?因为当今世界纷繁复杂,面临着各种挑战,外交扮演的角色越来越重要。青年外交官朝气蓬勃,富有创造性,思想活跃,也是国际交往的主力军和未来的领导者。 为什么选择×××为论坛举办地?因为×××国际组织和外交机构云集,既是安全、贸易、民生等领域国际规则谈判制定之地,也是各种思潮和理念交汇的"软实力之都"。 为什么选择全球安全挑战为首届论坛主题?因为当今世界并不太平,安全形势日益复杂。安全概念的内涵与外延不断扩展,各种挑战相互交织,需要青年一代深入思考其根源,共同探索解决之道。

续表

正文	主体	我参加外交工作已××年。通过多年的体会和思考，我认为，外交官也应该是哲学家，视野开阔，思想开放，不拘泥于一事一物。中国自古就从哲学高度将"为万世开太平"作为理想境界和奋斗目标，欧洲哲学家康德也提出各国间应达成"永久和平"。如何实现先哲们的理想？这需要我们在今天的讨论和今后的工作中不断探索。我相信，通过本届论坛，各国青年外交官能相互启发思考，形成真知灼见，为共同应对全球安全挑战做出贡献。
	结尾	预祝××届"×××青年外交官论坛"圆满成功。 谢谢！
落款		中国×××(组织)××× ××××年×月×日

【分析】这是一篇出于外交礼仪的非常合乎规范的优秀的欢迎词。各部分的主要亮点表现如下：

(1) 在称谓上，"尊敬的××大使，各位青年朋友"，既表现了对主要来宾的尊重，又表现了对其他来宾的欢迎，且还在其他来宾的称呼上，用"青年"一词进行了定位，更加具有确切性，能很好地表现其友好性和亲切性。

(2) 正文开头部分简短而又表述清楚，着重表现了对来宾的欢迎和问候，符合欢迎词的写作惯例和用语习惯。

(3) 在正文主体部分，连续用三个设问，来阐述此次论坛举行的缘由和意义，接着用精练的语言介绍了对外交工作的思考和论坛的期望结果。

(4) 在结尾处用简短有力的话语表达了致词人的希望，很好地收束全篇。

综上所述，本文无论是在结构、内容上还是语言运用上都算得上一篇难得的欢迎词佳作，值得大家学习借鉴。

8.4.5 案例模板2：会议接待欢迎词

我国是一个注重礼仪的国家，有着传承数千年的礼仪文化，因此，如欢迎词一类表示礼仪的讲话类公文在日常生活中比较常见。在此，以《在全市接待系统联谊会上的欢迎词》为模板，具体介绍会议接待类的欢迎词写作，如表8-9所示。

表8-9 会议接待欢迎词的模板

标题	在全市接待系统联谊会上的欢迎词
称谓	尊敬的××主任，各位领导、各兄弟区县的同志们：

续表

正文	开头	大家上午好！ 　　值此"微雨过、小荷翻、榴花开欲然"的美好季节，我们相聚在×××，非常高兴地迎来了"×××市、区、县接待工作联谊会"。在此，我谨代表××区委、区政府向莅临我区的各位领导、各兄弟区县的同志们，表示热烈的欢迎和衷心的感谢！
	主体	近年来，随着民营经济和IT产业的迅猛发展，我区已经成为全市关注的焦点，从而使得各级领导和党政代表团相继来我区考察、调研和指导工作。面对重要会议多、重大活动多、学习考察多的接待工作新形势，在接待工作中，我们不断健全完善接待制度体系，积极构建领导重视、部门协作、资源整合的"大接待"格局，并注意计划周密、精心安排、时间准确、视察点选取得当，使得接待工作正逐步成为我区加强对外联系、积聚人气、扩大招商引资和展示开放形象的重要平台。 　　但我区接待办于××年才正式成立，接待工作正在进一步规范和提高，本次联谊会在我们××召开，为我们学习和借鉴市里、兄弟区县的经验和做法提供了难得的机会，必将推动我们的接待工作向"精、细、严、高、实、新、快"方面发展。希望在座的各位领导、各位来宾，通过本次会议进一步了解××，加强接待工作的交流与合作，增进友谊，我们愿与各位同仁一起推动全市接待工作水平的新提高，再创××接待工作新辉煌。
	结尾	最后，预祝本次联谊会圆满成功，祝各位领导、各兄弟区县的同志们工作顺利、身体健康、万事如意！ 　　谢谢大家！
落款		××接待系统××× ××××年×月×日

　　【分析】这是一篇会议接待欢迎词。全篇重点在于致词方在接待工作中取得成就和接下来接待工作的发展目标，全面呈现此次联谊会的作用是一篇有重点、有思想、有方向、充满激情和亲切感的欢迎词。

　　在正文主体部分，致词人首先介绍了经济发展新形势下接待工作的举措和成就，然后对此次联谊会在提升接待工作的水平提出了希望和展现了未来接待工作的美好愿景，语言在措辞上注意其慎重性，在行文上注意少用虚言浮词，并避免了长篇大论。

　　在正文的结尾部分，除了对联谊会提出了希望和要求外，还表达了对参与者的美好祝愿，听来让人备感亲切自然。

8.5 答谢词

答谢词也是一种处于社交礼仪而发表的讲话类文稿,相较于欢迎词由主人致词而言,答谢词的致词方是来宾,是来宾对主人的热情款待和关照表示感谢的讲话,多用于比较正式、郑重的场合。下面介绍答谢词的具体内容,以期拟写者创作出来的答谢词能准确、贴切、得体地表达对主人的谢意。

8.5.1 基本常识

"答谢词",即表达谢意的讲话文稿,一般多用于对别人的帮助和招待表示感谢的场合。既然答谢词运用在答谢对方的招待和帮助两个方面,那么,答谢词根据其答谢缘由和内容的不同可分为两类,即谢遇型答谢词和谢恩型答谢词,具体内容如图 8-12 所示。

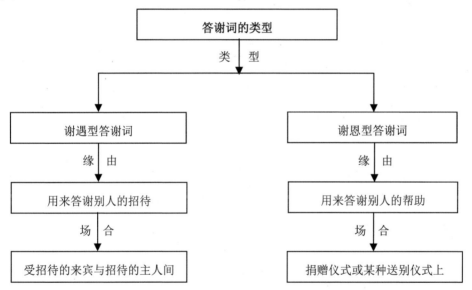

图 8-12 答谢词的类型介绍

其中,谢遇型答谢词在发表时间上并没有固定限制,它可以与欢迎词对应,发表在欢迎仪式和会见仪式上;也可以与欢送词对应,发表在欢送仪式和告别仪式上。关于这一问题,致词人可根据需要自行决定。

来宾之所以要发表答谢词,其目的主要表现在以下两个方面:
- 营造和谐、愉快的氛围;
- 交流宾主间的友好感情。

基于上述两个目的,最终形成宾主双方相互尊重、友好交往、以诚相待的结果。

8.5.2 格式要点

从格式上来看，答谢词与欢迎词有着很大的相似性，如标题方面，其不同之处就在于"答谢词"这一文种，其他要素和结构是相同的。另外，其称谓和落款的格式要求也是相同的。

唯一不同的是答谢词的正文内容。因此，下面将具体介绍答谢词的正文部分的格式要点。

对答谢词而言，正文是其主体和核心部分，它主要包括五个方面的内容。图 8-13 所示为谢遇型答谢词的正文部分写作要点分析。

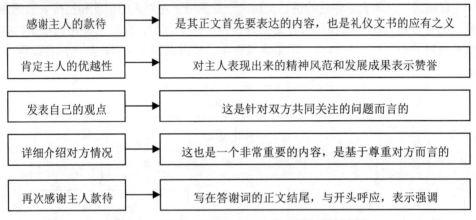

图 8-13　谢遇型答谢词的正文部分写作要点分析

当然，致词方还应在一定程度上表示希望进一步加强合作的强烈愿望，这也是表现双方友好交往的重要见证。

8.5.3 写作技巧

答谢词的拟写，与欢迎词一样，也是需要注意一定的写作技巧的，具体来说，可从以下三个方面把握：

1. 情感动人

答谢词是为答谢而言的，这就要求其必须在情感上能打动人，也就是说，致词人所演说的讲话文稿要让受众听起来能感觉到其中真挚、热情的情感。因此，致词人必须动真情、吐真言，热情洋溢地表达己方情感，以便获得对方的认可，不至于产生反感情绪。

2. 评价宜人

在答谢词的正文中，详细介绍对方情况也是一个重要方面，这是表达对主人尊重的重要体现。而在对对方情况的介绍过程中，是带有致词人的评价的，而答谢词要表现其真，就必须要求这种评价是适度和确切的，不能夸大，也不能贬低，不能信马由缰式地随意挥洒。

另外，评价宜人还表现在答谢词中对对方的情况介绍在所占篇幅上也要适宜，不能一笔带过，也不能对其着墨太多，只要能简单清楚地介绍对方的情况即可。

3. 篇幅简短

一般情况下，答谢词发表在处于礼节性的社交活动中，时间不能太长，因此，其在篇幅上要简短。在有限的篇幅中，答谢词应该把可有可无的内容删除，只留下有实实在在意义的内容，且语言应该精练扼要，把最精华的、必要的内容用适度的篇幅表现出来。

当然，在具体的写作中，答谢词拟写者还应该处理好如图 8-14 所示的几个方面的关系。

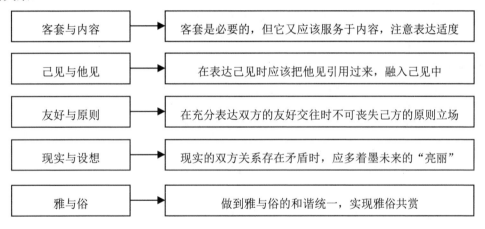

图 8-14　答谢词拟写过程中应该处理的关系

8.5.4　案例模板 1：谢遇型答谢词

谢遇型答谢词是一种对主人的款待表示感谢的公文文书，也是一种比较常用的处于社交礼仪的文种，其拟写是有一定的形式和模板的，因此，学会谢遇型答谢词的写作范式，可以帮助读者轻松创作一篇优秀答谢词。

下面以《在××××招待会上的答谢词》模板为例，具体介绍谢遇型答谢词的写法，如表 8-10 所示。

表 8-10 谢遇型答谢词的模板

标题		在××××招待会上的答谢词
称谓		女士们、先生们：
正文	开头	今天能够出席你们的招待会，我感到非常荣幸。并借此机会感谢大会组织委员会的盛情邀请和款待，感谢他们为这次会议的准备工作所付出的努力。
	主体	随着中国改革开放的不断深入发展，我们两国之间的交往也随着增加，众多代表团之间的互动互访，正在逐渐巩固和加深我们两国之间的友谊。期盼多年的我的中国之行，在如今得以实现。 这次学术交流大会的举行是卓有成效的。大会期间，我有幸见到了许多知名人士，聆听了许多专家、学者的教诲，我们互相探讨、学习，受益良多。 我们的到访，得到了热情好客的中国朋友的热情接待，从中感受到的中国人民的热情和友好，以及两国之间的深情厚谊，令我永远铭记！
	结尾	借此机会请允许我再一次向大家表示衷心的感谢！ 祝愿我们两国人民世代友好和共同发展！
落款		××× ××××年×月×日

【分析】这是一篇感谢款待的发表在招待会上的答谢词。

本文言简意赅，在充分表达了外国友人对我国人民的热情款待的谢意的情况下，又对两国之间交往的意义和自己在大会期间的收获进行了描述，短短几行文字就淋漓尽致地把致词人的意思表达了出来。致词人在结尾再一次对中国人民的款待表示感谢，有力地强调和倾诉了致词人的情感。基于两国之间友好交往关系，其对未来提出了殷切希望。

总的说来，这是一篇语言简练、情感丰沛、篇幅适度的答谢词，堪称一篇优秀的答谢词。

8.5.5 案例模板2：谢恩型答谢词

一般来说，在获得了别人帮助和关照的情况下，除了在行动上表示感谢外，还有必要通过语言表现出来。这就形成了比较正式场合下的答谢词。在拟写过程中，其与谢遇型答谢词在结构上的最大不同就是它按照结构常式及逻辑层次平直地写来，不需要婉转曲折的表达。

下面以《在物资捐赠仪式上的答谢词》为模板，具体介绍谢恩型答谢词的写法，如表 8-11 所示。

表8-11 谢恩型答谢词的模板

标题		在物资捐赠仪式上的答谢词
称谓		尊敬的××，省财政厅的各位领导，同志们：
正文	开头	今天，我们怀着无比激动、无比振奋的心情，迎来了捐赠工作组的省财政厅各位领导和同志一行。在此，我谨代表××市四个班子成员和全市××万人民，向省财政厅全体干部职工对××抗旱工作的支持和帮助表示衷心的感谢！
	主体	今年7月以来，全国部分地区遭遇了50年不遇特大旱灾，在××人民团结一致奋力抗击的关键时刻，省财政厅各位领导和同志及时伸出援助之手，派出以××副厅长为组长的工作组前来指导我们开展抗旱救灾的工作。 近一周以来，工作组各位领导不辞辛苦，深入视察灾情和仔细听取汇报，在全面了解我市受灾情况的基础上，多次召开专题会议研究部署，组织规划设计，付出了艰辛的劳动和汗水，为我们提出了许多建设性的意见和建议，为我们战胜困难增强了信心、增添了动力。特别是今天，省财政厅全体干部职工发扬扶危济困的人道主义精神，为我们捐赠了××万元的抗旱资金和物资。正所谓"一方有难，八方支援"，你们的支持是鞭策着我市做好抗旱救灾工作的有力支撑。我们也真诚地希望工作组的各位领导和同志能给我们提出更多、更好的意见和建议。同时，我们一定从你们的援助中吸取力量，正视困难，勇战旱灾，绝不辜负财政厅各位领导和同志的支持和厚爱！
	结尾	最后，再次向省财政厅各位领导和同志表示衷心的感谢！并祝大家身体健康，工作顺利！ 谢谢大家！
落款		××× ××××年×月×日

【分析】本文明显是一篇谢恩型的答谢词，意在对省财政厅提供和捐赠灾后物资表示感谢。

从结构上来看，这篇答谢词是严格按照谢恩型答谢词的范式来写的，重点在于"平直"二字。在表达了感谢之意后，接下来正文的主体内容完全是以平铺直叙的方式展开的。从工作组的到来，到救灾期间付出的努力和工作的指导，从时间顺序上和逻辑层次上一一表达出来。紧接其后的是对物资捐赠这一帮助和关照行为，致词人展现了未来的目标和决心，以示不辜负支持和厚爱。其实，这遵循了逻辑层次的写作顺序。可见，在谢恩型答谢词的拟写上，这一篇文稿的结构值得借鉴。

第 9 章

专用书信：
写作精巧，富于情感

学前提示

在公文的写作中，书信文体是运用得比较广泛的，形成了一种特殊的专用书信公文，其公文类别和涉及的内容多种多样。

本章将具体介绍五种专用书信公文的写作，希望读者能举一反三，顺利地掌握其他书信公文的写作。

要点展示

- ➢ 倡议书
- ➢ 证明信
- ➢ 介绍信
- ➢ 慰问信
- ➢ 贺信

9.1 倡议书

"倡议书",即某一组织、社团或个人联合向社会或有关方面首先公开提出某种建议以号召别人,希望获得响应而应用的信件。其目的在于调动广大人民的积极性,共同开展或推动某项活动、某种任务。

本节将以倡议书为叙述对象,具体介绍其在公文写作学习中应该掌握的知识和技巧,以帮助读者了解倡议书、掌握倡议书的写作。

9.1.1 基本常识

倡议书,就其实质,就是一种倡导性的建议文书,体现出四个明显的特点,具体内容如图 9-1 所示。

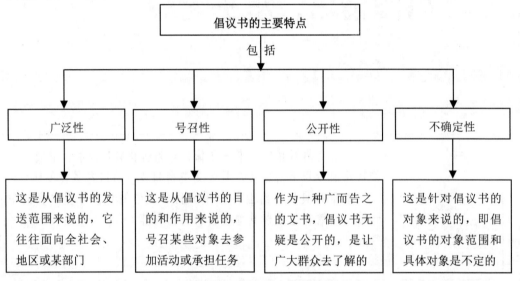

图 9-1 倡议书的主要特点

既然倡议书是面向广大群众的,在其内容的送达过程中影响了社会的方方面面,对社会发展有着一定的推动作用,具体表现在以下方面:

(1) 倡议书发送的目的就在于在较大范围内调动群众的积极性,让人们团结起来为开展好某一活动或完成某一任务而努力,因此,对社会的发展来说,它有着积极意义。

(2) 倡议书本身就是一种精神的感召,是开展精神文明建设的有效途径。它引导人们走上身心健康的发展道路,无论是生活小环境中的爱心、文明建设,还是社会大环境中的强国、复兴建设,倡议书都能发挥出其应有的作用。

(3) 相较于法律、规章制度而言，倡议书更多的是一种情感与精神上的倡导，它给人以春风化雨之感，能让人在无形的氛围中受到真善美的教育，更容易让人在心理上接受。

9.1.2 格式要点

倡议书的内容结构一般包括四个部分：标题、称谓、正文和落款。其中，称谓部分并不是所有的倡议书都作为一个独立的组成部分而存在的，有时会直接在正文中指出。下面就倡议书的其他三个部分进行具体介绍。

1. 标题

倡议书的标题有三种不同的写作形式，具体如下。
(1) 以"文种"命名：也就是用"倡议书"为标题。
(2) "倡议内容+文种"形式：如《关于净化网络环境的倡议书》。
(3) "单位名称+事由+文种"形式：如《××政府关于保护环境的倡议书》。

2. 正文

倡议书通常由开头、主体和结尾三个方面的内容组成。

首先，在开头部分，倡议书一般写明其背景、原因和目的，这也是推动人们响应的内容因素。只有在开头把这些内容交代清楚了，人们才会信服，才能明确行动的方向和目标。

其次，在主体部分，拟写者应该重点写明倡议的具体内容和要求，一般采用分条叙写的写作形式，力求把每个方面的每个问题和要求交代清楚，便于倡议对象进行理解并展开行动。

最后，在正文的结尾部分，拟写应该卒章显志，提出建议和希望，表明倡议者的决心。

3. 落款

倡议书的落款包含两个要素：倡议主体名称、倡议时间。其中，倡议主体名称可以是单位、集体名称，也可以是个人名称或个人联合名称。

9.1.3 写作技巧

倡议书作为一种旨在感召他人的文书，在写作上更是要加以注意，以免误导受众。因此，倡议书的写作要把握好以下两个方面的写作要领和技巧，为写出一篇好的倡议书做准备。

1. 内容方面

倡议书在内容的选择上并不是随意的，而是有一定的标准和原则的，具体如下。

（1）与党和国家的方针政策相符。这是倡议书内容选择的一个大的方向。只有反映党和国家新时代下所坚持的战略方针和政策举措，才有在更大范围内提出倡议的可能。

（2）符合时代发展脉络。这是基于倡议书的现实性而言的。因此，倡议书的内容应该紧密结合当前发展形势，体现时代精神。只有这样，才能让受众乐于接受和产生共鸣，并转化为行动。

2. 语言方面

语言是传达思想和精神的载体，合适的语言能够最大程度地呈现给读者最好的精神面貌和目的。倡议书的语言应该注意从篇幅、措辞和意思三个方面来把握。

（1）从篇幅上来看，倡议书的语言应该尽量简练，不宜用过长的篇幅。

（2）从措辞上来看，倡议书的语言应该体现"真切"二字。也就是说，在情感上要"真"，能让广大受众感受到其中的真挚情感，从而让他们感动。在表达上要"贴切"，选择最合适的语言加以利用，就如倡议书的称谓来说，应该根据其对象选用合适的称谓语，"广大的青少年朋友"就对称谓做了细化。

（3）从意思上来看，倡议书的语言应该准确具体，要把其要表达的意思展现清楚明白，倡议的目的要明确，表达要准确。如在倡议书的开头部分，就应该写明倡议的依据、原因和目的，给倡议对象指引方向，引导他们行动。

9.1.4 案例模板：活动倡议书

活动倡议书主要是针对某一公益活动而发出的，意在号召广大人民群众为社会发展而行动起来。下面以《绿色出行共享文明倡议书》为例，具体介绍活动倡议书的写作模式，如表9-1所示。

表9-1 活动倡议书的模板

标题	绿色出行共享文明倡议书
称谓	广大的市民朋友、共享单车使用者：
正文　开头	××春暖花开，各色共享单车也如花般绽放于大街小巷。作为互联网共享经济的一员，共享单车凭借便捷、环保等优势成为日常生活的"亲密伙伴"。但是在享受便利的同时，一些不和谐的现象随之出现：禁行路段任意骑行、随意停放、挤占公共空间、影响正常通行等，不仅扰乱了城市交通秩序，也危及每个人的出行安全。

续表

正文	开头	为共享单车健康规范发展，提升城市的交通文明程度，确保骑行安全，××市互联网信息办公室、××互联网协会联合共青团××市委员会共同发出如下倡议：
	主体	一、做文明的骑行者。自觉学习和遵守交通法规、维护交通秩序，文明、守法出行，共同营造畅通、安全、有序、环保的交通环境。遵守交通信号和交通标识指示，不走不占机动车道，文明礼让行人；提高安全意识，骑行前检查……，骑行过程中…… 二、做文明的停放者。遵守社会公德、维护公共秩序。骑行结束后不上私锁，不据为己有，规范停放，不占盲道、行车道。 三、做文明的传播者。从自身做起，自觉参与到文明的出行活动中，积极宣传共享文明理念，传播文明风尚。监督举报不文明使用共享单车行为，助力交通文明的传递和城市文明的有序发展。
	结尾	共享单车，更应共享文明。让我们携起手来，从我做起，从现在做起，自觉参与到"绿色出行、文明交通"活动中来，文明使用共享单车，让"骑行"更安全、更畅通、更和谐！
落款		××市互联网信息办公室 共青团××市委员会 ××互联网协会 ××××年×月

【分析】这是一篇活动倡议书，重点在于号召人民"绿色出行共享文明"，进而提升城市形象，营造文明的交通环境。

全篇无论是在内容的选择上，还是语言的运用上都把握得非常好，容易引起受众的共鸣，让人们从心理上产生信服感。内容上，这篇倡议书选择的是关于规范共享单车使用的题材，这是一个新时代的新现象，其出现的一些不和谐问题也容易与时代精神接轨。从语言上，全篇简练扼要，表达清楚明确，并把饱满的情感灌注其中，读者很容易受到感染。

9.2 证明信

证明信，从其字面含义来看，就是一种用来表示证明的书信文书。有着书信体文书特有的格式与特点。本节将具体介绍证明信的相关内容，为读者了解和掌握证明信提供帮助。

9.2.1 基本常识

证明信是一种专用书信，又可称作"证明"，是以组织(如党政机关、社会团体和企事业单位等)或个人的名义证明一个人的身份或一件事情，供接收单位作为处理某人某事根据的书信。

从这一概念出发，证明信可分为两类，即组织证明信和个人证明信。而组织证明信又根据其产生方式的不同可分为普通书写证明信和印刷证明信。

其实，无论是组织证明信还是个人证明信，都是为证明而产生的，具有相同的特点，具体内容如图9-2所示。

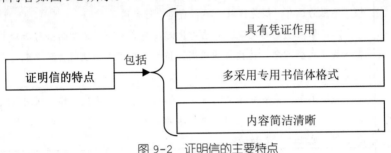

图9-2 证明信的主要特点

9.2.2 格式要点

在证明信的内容结构中，一般有标题、称谓、正文和落款四个部分。

1．标题

证明信的标题有两种写作形式，即：

(1) "事由+文种"形式：在第一行正中书写，具体内容格式如"有关××问题的证明"。

(2) "文种"形式：把"证明信"或"证明"这一文种作为标题。

2．称谓

证明信的称谓需顶格书写在标题的下一行，一般为受文单位名称或受文个人姓名。然而当证明信没有固定受文者时，这一项内容可以省略，代之以正文前表示引导的"兹"字。

3．正文

证明信的正文要根据实际情况、问题和要求进行陈述，任何无关问题都可以省略。如图9-3所示为证明信的内容举例。

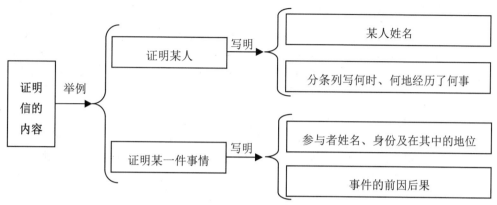

图 9-3　证明信的主要内容

在证明信的正文部分，还应该在主要内容陈述完后，另起一行，于顶格处以"特此证明"字样结束全文。

4．落款

证明信的落款包括署名和成文日期两项内容。它作为一种凭证，还应该加盖印章，以此增加证明信的证明效力，这是必不可少的。

9.2.3　写作技巧

能作为证明某人或某事的凭证，是其之所以称为"证明信"的原因。基于这一因素，证明信在写作过程中必须达到以下要求。

(1) 内容的真实性。这是写作证明信的第一要义。只有确切根据，内容真实可信，不虚夸，才能让人信服。

(2) 语言的准确性。这是写作证明信的基本要求。证明信的语言必须是能准确、清晰地证明某人或某事，而不是含混不清，让人无法确切查知真实情况。

(3) 在写作证明信的过程中，拟写者应注意不能用铅笔、红色笔书写，且不能涂改。假如证明信中出现了涂改，则应该在涂改位置加盖印章。

(4) 对个别证明信，还应该区别对待。例如，个人证明信的对象是拟写者不太熟悉的，应该在其中写明"仅供参考"等提示语；又如，随身携带的没有固定受文单位的证明信，拟写者应该注意在其中注明有效期限。

9.2.4　案例模板：个人证明信

证明信的内容多种多样，可以是一件事，可以是一个人，且针对一件事或一个人要证明的要点内容也不尽相同。因此，拟写者应该根据实际情况进行写作。

表 9-2 所示是一个人证明信案例，希望读者通过它有所启发，从而更好地掌握和

运用证明信的写作技巧。

表 9-2 个人证明信的模板

标　题	证明信
称谓	××局党委：
正文	×××同志，男，现年××岁，××××年九月考入我校学习，系×××教授的研究生，××××年九月毕业。由于历史原因，毕业时未能发给研究生毕业证书，现将补发。 　　特此证明。
落款	××大学校长×××(盖章) 　　　　　　　　　　　××××年×月×日

【分析】这是一篇个人证明信文书，主要是用来证明某人的身份及其学习经历的真实性。

全篇用简洁的语言写清了人物、事件的要点，实现了把问题叙述清楚的目的，让受文单位一看就明白了该文书主要是针对什么人(×××同志)和什么原因(学历证明)而言的，写明了被证明人的名称、性别和年龄等基本信息，还写明了其学历年限和经历，以及未能发给毕业证书的原因，有理有据，把所有要点都交代得清楚明白。落款处的内容也是完备的，证明了其文书的有效性。

9.3 介绍信

介绍信作为一种介绍联系接洽事宜的文体，主要用于党政机关、社会团体和企事业单位派人外出办事时持有。那么，它是怎样的呢？下面将具体介绍。

9.3.1 基本常识

介绍信以"介绍"为名，那么其主要目的在于向别人介绍自己。这一文书在运用时体现了两个作用，具体内容如图 9-4 所示。

证明信按照其形式的不同可分为两类，具体内容如下。

(1) 书信式介绍信：这类介绍信用的是专用的书信格式，其纸张一般应用印有单位名称的信笺。这类介绍信也称便函式介绍信。

(2) 填表式介绍信：这类介绍信不需要按照格式书信格式书写，一般只需要在表中的必要位置把相关事项一一填写清楚。这类介绍信由于有存根，因此也称带存根的介绍信。

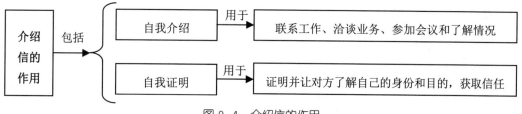

图 9-4 介绍信的作用

9.3.2 格式要点

从介绍信的格式来看，书信式介绍信和带存根的介绍信的本文部分都是由标题、称呼、正文和落款四个部分组成的，具体内容如下。

1．标题

介绍信的标题形式为"介绍信"字样居中书写。

2．称呼

这一内容一般顶格书写受文单位的名称或个人姓名，在其后再加上称呼语。

3．正文

在介绍信的正文部分，应该写明被介绍人的姓名、人数、身份等基本信息以及前往接洽的事项、向接洽单位提出的要求和希望等。当然，其后一般还会加上"请接洽"等惯用语。并在完成这些内容后，另起一行空两格写上"此致"字样，并在下一行顶格书写"敬礼"字样。这样才算完成了其正文的书写。

4．落款

介绍信的落款部分除了公文惯有的署名和成文日期外，还有一个有效期限的辅助说明，其中具体天数用大写。

其中，带有存根的印刷介绍信在格式上已经基本确定下来，只需要填写相应的内容即可。这样的介绍信要注意的是其三个基本组成部分，即存根联、间缝和正式联。

上面介绍的书信式介绍信的内容可看作其正式联部分，不同的是，带存根的介绍信正式联应该在标题下一行居右注明介绍信的编号。

在存根联和正式联之间的部分是间缝，在此，也应该注明介绍信的编号，并加盖出具单位的公章。

在间缝的上面是介绍信的存根联，它由标题、介绍性编号、正文和成文时间等组成。介绍信的存根因为是为了出具单位留存备查的，因此，不在落款部分写明单位名称，且这部分的内容也是简写的。

9.3.3 写作技巧

介绍信具有介绍、证明的双重功用，因而其写作与证明信有相同之处。具体来说，要想写好一篇介绍信，就应该在以下方面和写作技巧上注意加强，如图9-5所示。

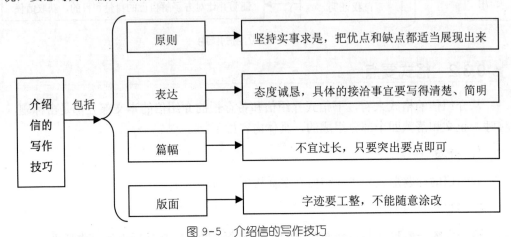

图 9-5　介绍信的写作技巧

而在带有存根的介绍信书写上，还应该注意以下问题：
- 介绍信的接洽事宜有一定的重要性和保密性时，应该注明派遣人员的政治面貌和职务，以表示工作的胜任程度。
- 当介绍信比较重要时，应该拟写好后交由上级领导过目或需在存根上签字。

9.3.4 案例模板：书信式介绍信

由上文可知，带存根的介绍信的正式联的书写与书信式介绍信有着诸多相似之处，只要熟练掌握了书信式介绍信的书写，就能打下拟写介绍信的良好基础。因此，学会写好书信式介绍信之后，那么就会很容易地学会拟写带存根的介绍信。

下面就以一篇书信式介绍信文书为例来进行具体介绍，如表9-3所示。

表 9-3　书信式介绍信的模板

标　题	介绍信
称谓	××市政府采购中心：
正文	兹介绍×××同志(一人)(身份证号码×××××××××××××××××××)前往贵中心联系办理更改在贵中心采购网注册的管理员账号和密码事宜。请接洽并给予办理为盼。 　　此致 　　敬礼！

续表

落款	××××单位(公章) ××××年×月×日 (有效期×天)

【分析】这是一篇书信式介绍信文书,主要是派遣×××同志前往联系注册的管理员账号和密码修改事宜。

全篇言简意赅,接洽事宜写得具体、简明。尽管篇幅很短,然而在这有限的篇幅中,拟写者把其中的两个要点体现了出来:一是派遣人的身份,以"×××同志(一人)"和"身份证号码"这两个要素就把其身份交代得清楚明白;二是前往接洽的事宜,"办理更改在贵中心采购网注册的管理员账号和密码"一句给了受文者足够的信息。

9.4 慰问信

慰问信,顾名思义,就是一种表示关怀、慰问的书信类文书。在节日或遇有重大事件或特殊情况时使用得较多。本节将就这一公文文种进行具体介绍。

9.4.1 基本常识

安慰、问候是慰问信的最主要目的,只有真挚得能打动人、安慰人的慰问信才能达到它的目的。那么,它主要适用于什么情况呢?下面将一一进行介绍。

首先,慰问信是一种表示问候的文书,它对一些作出了特殊贡献的集体或个人在节日或特殊情况下表示问候,表彰他们的成就和功绩,鼓励他们继续奋斗,并表示节日的祝贺。

其次,慰问信是一种表示安慰的文书,它对一些由于某种原因而遭到暂时困难和严重损失的集体或个人表示同情和安慰,并鼓励他们坚强起来,努力战胜困难。

其实,上述两种情形有时有一定的交叉性,并没有太严格的界限,安慰和问候之情交织,成就了慰问信的特殊情感和专用文体。

9.4.2 格式要点

慰问信的结构主要由标题、称谓、正文和落款组成,它们共同组成一篇完整的慰问信文书。关于这些组成部分的具体内容,论述如下。

1. 标题

慰问信的标题有三种写作形式,即:

(1) 以"文种"命名。这一类标题是最简单、直接的,在首行居中书写"慰问信"字样;

(2) 以"慰问对象+文种"命名。这一类标题一般写成"致×××的慰问信";

(3) 以"发文单位+慰问对象+文种"命名。这一类标题一般写成"×××致×××的慰问信"。

2. 称谓

在称谓部分,应该顶格写明慰问对象的单位名称或个人姓名。假如慰问对象是个人,则应该在个人姓名前加上敬称,如"敬爱的""尊敬的""亲爱的"等,个人姓名后加上称呼语,如"先生""同志""女士"等。

3. 正文

在正文部分,慰问信应该写明三个方面的内容。

首先,写明慰问的背景和原因,为引出下文作铺垫。

其次,写明慰问的事项。如是有功者的节日慰问,应该叙述对方的功绩和成就,再表示慰问和向对方学习;如是有难者的同情慰问,应该叙述其遇到的困难,然后就其在遇到困难中表现出来的高尚品质表示赞赏,最后表示慰问。

最后,是慰问信的结尾部分,它主要应该在三个方面加以简单陈述。

(1) 提出希望。拟写者应该就目前形势和任务对慰问者提出希望。

(2) 表达决心。简单表示慰问者和被慰问者的共同愿望和决心。

(3) 表示祝愿。无论是节日慰问,还是同情慰问,其都应以表示祝愿的惯用语结尾。

4. 落款

写明发文单位名称和成文日期。

9.4.3 写作技巧

在慰问信的写作过程中,掌握一些写作的技巧和了解一些必要的注意事项是非常有必要的,具体内容如下。

1. 内容方面

慰问信主要是对两种对象表示慰问,一是有着特殊贡献的,二是遇到困难的。这是两种不同类型的集体和个人,因此,在拟写慰问信时,其内容的选择也就完全不同,自然其侧重点也就不同。

对前一种,慰问信内容应该侧重赞颂他们所做出的巨大贡献和获得的巨大成就;对后一种,慰问信内容应该侧重表示对他们的关怀、慰勉和支持。

2. 情感方面

慰问信在情感和抒情上有着较高的要求，它首先需要表现出慰问者和被慰问者之间的深厚情感，使被慰问者感受到慰问者的关心。它还要求能让作出贡献的集体和个人感受到其中的激励和赞赏，能让遭遇苦难者感受到支持，从而增强为建设社会或克服困难的信心。

3. 署名方面

当慰问信的拟写单位或个人并不是单个时，应该把所有单位和个人意义列上，才是慰问信的正确署名方式。

9.4.4 案例模板：节日慰问信

节日慰问信是在某一节日向特定群体表示祝贺和慰问的文书，是一种非常常见的应用文书，特别是在春节、元旦、中秋节等重要节日里，各个地区、各个领域都展开了各种形式的慰问，也出现了众多内容精彩的慰问信。

下面以《中华全国总工会致全国各族职工的慰问信》为例，具体介绍节日慰问信的写作模式，如表9-4所示。

表9-4　节日慰问信的模板

标题		中华全国总工会致全国各族职工的慰问信
称谓		全国各族职工同志们：
正文	开头	新年伊始，万象更新。值此××××年元旦来临之际，中华全国总工会谨向辛勤工作在全国各条战线上的广大职工致以亲切的问候和崇高的敬意!
	主体	××××年，面对错综复杂的国际形势和艰巨繁重的国内改革发展稳定任务，以×××同志为总书记的党中央统筹国内国际两个大局，按照"五位一体"总体布局和"四个全面"战略布局，……推动经济建设、政治建设、文化建设、社会建设、生态文明建设和党的建设取得重大进展。 一年来，全国各族职工认真学习贯彻×××总书记系列重要讲话精神，围绕实现中华民族伟大复兴的中国梦，主动参与各种形式的社会主义劳动竞赛和技术创新活动，……为推动我国社会生产力水平整体改善充分发挥了工人阶级的主力军作用。 在全国广大职工的积极参与和共同努力下，各级工会牢牢把握我国工运事业的时代主题，紧紧围绕党和国家工作大局，大力弘扬劳模精神、劳动精神，加强基层建设，……在改革发展稳定中展示了工会组织的新作为。

续表

正文	主体	××××年是全面建成小康社会决胜阶段的开局之年，也是工会改革创新的攻坚之年。在新的一年里，全国各族职工群众要……，积极投身"×××"时期经济社会发展的生动实践，大力推进结构性改革，推动经济持续健康发展，为夺取全面建成小康社会决胜阶段伟大胜利作出新的更大贡献！
	结尾	祝全国各族职工新年快乐、身体健康、阖家幸福！
落款		中华全国总工会 ××××年×月×日

【分析】这是一篇节日慰问信，主要内容是中华全国总工会向全国各族职工同志们发出的元旦慰问。

全篇首先交代了发出慰问信的背景和原因，是在元旦节向"辛勤工作在全国各条战线上的广大职工"发出的慰问。

在正文主体部分，从过去一年的形势、各族职工和各级工会的成就三个方面进行了陈述，然后展望了新一年里的目标和希望，情感真挚，令人振奋。

在结尾部分，以向全国各族职工表示问候结束全篇，与开头呼应。

9.5 贺信

贺信，是一种用来表示祝贺的专用书信。除了对对方表示祝贺外，它兼具慰问和赞扬的功能。这是一种有着悠久历史源流的文体——由古代祝辞演变而来。那么，现今所使用的贺信是怎样的呢？本节将为读者进行详细解读。

9.5.1 基本常识

贺信作为一种礼仪类的书信体文书，具有独特性，如图9-6所示。

从贺信发送的双方之间的关系来看，它主要分为五类，具体内容如下。

(1) 国际往来贺信：这一类贺信是一种外交贺信，一般写在新首脑就职或国家有重大喜事时。它既是外交礼仪的需要，也是促进两国友好往来、谋求发展和维护共同礼仪的需要。

(2) 上行文贺信：这一类贺信是下级发送给上级的贺信，它除了表示对全局性工作中取得成就的祝贺，往往还会把下级自身完成任务的决心和信心也囊括进去。

(3) 下行文贺信：这一类贺信是上级发送给下级的贺信，其内容或是表示对节日的祝贺，或是对取得的工作成就表示祝贺。与上行文贺信不同，它往往还会在贺信中提及对对方的希望和要求。

(4) 平行文贺信：这一类贺信是同级机关之间发送的贺信，它除了需要对对方取得的成就表示祝贺外，还应该把握一个重要方面，即在行文中表明一种向对方学习的谦逊态度，并对保持和发展双方关系表示己方的愿景。

(5) 私人往来贺信：这一类贺信的内容一般比较复杂，包括生活中各种值得祝贺的事情。

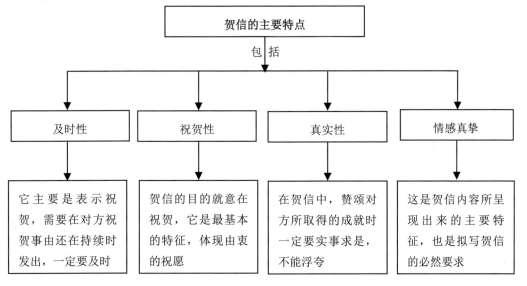

图 9-6 贺信的主要特点

9.5.2 格式要点

贺信作为一种专用书信，从格式上来看也是由标题、称谓、正文和落款四个部分组成的。

1. 标题

贺信的标题有五种主要的写作形式，具体如下。

(1) 以"文种"命名，即直接以"贺信"为标题。

(2) "发送机关+文种"形式，即"××贺信"。

(3) "贺信对象+文种"形式，即"给××的贺信"。

(4) "发送机关+贺信对象+文种"形式，即"××给××的贺信"。

(5) "贺信事由+文种"形式，这一类形式还可以参照上面第(2)、(3)种形式进行综合拟写。

2. 称谓

贺信的称谓是在标题下一行顶格写明贺信对象的名称，一般是单位名称或个人姓名。其中，写给个人的贺信需要在姓名后加上称呼语。

3. 正文

贺信一般是基于某一事由而发的，因此，在正文部分，首先应该表明发出贺信的背景，然后交代清楚发出贺信的原因，其中，表明原因是贺信正文的主要内容和中心。最后就祝贺的原因发出由衷的祝贺，并提出希望和要求。与一般书信一样，贺信也应该在正文结束后加上书信惯用语，如"此致敬礼"等。

4. 落款

在落款部分写明发出贺信的单位或个人的名称、姓名，并注明成文日期。

9.5.3 写作技巧

与其他公文一样，掌握下面的技巧和要求，可以在拟写贺信时更加得心应手。

1. 内容方面

贺信的正文部分，应该包括四个方面的内容：向谁祝贺、祝贺什么、为什么祝贺、祝贺话语和提出要求与希望。另外，当在贺信中提及对方的成就时，应该实事求是。

2. 感情方面

贺信要表达出的情感应该是真挚热烈的，能让被祝贺人充分感受到其中鲜明、充沛的喜悦热烈之情，从而受到鼓舞和激励。

3. 用语方面

贺信应该采用简练的语言，用不太长的篇幅表达出所有应该展现的内容，并突出中心，把所有累赘老套之语尽皆去除。

9.5.4 案例模板：事项贺信

事项贺信是针对具体事项表示祝贺的专用书信，这类事项一般是有着重大意义、取得巨大成就等的事项，如有影响的国际会议的召开、国家新首脑就职等。

下面以《×××致申办冬奥会代表团的贺信》为例，具体介绍事项贺信的写作模式，如表9-5所示。

表 9-5　事项贺信的模板

标　题	×××致申办冬奥会代表团的贺信
称谓	申办冬奥会代表团：
正文	北京携手张家口获得了 2022 年第二十四届冬季奥林匹克运动会的举办权，我向你们致以热烈的祝贺。 　　你们为申办冬奥会付出了巨大的努力。希望你们再接再厉、扎实工作，在全国各族人民的大力支持下，把2022年冬奥会办成一届精彩、非凡、卓越的奥运盛会。
落款	<div align="right">××× ××××年×月×日</div>

【分析】这是一篇事项贺信，中心内容是针对申办冬奥会成功这一事项表示祝贺。全篇仅一百多字，却清楚明白地把为什么祝贺、祝贺谁、祝贺什么和提出了什么样的希望与要求等都表达了出来，言简意赅，祝贺诚挚热烈，希望殷切诚恳，堪称短小精悍的贺信典范。

第 10 章

电子公文：
适应社会发展的新工具

学前提示

电子公文是一种适应社会发展和工作需要而出现的公文形式。它的出现，很好地提升了公务处理的效率。

本章将从基本常识、设计原则、处理程序、技术要求、办理规范、传输流程、档案管理和安保制度等方面具体介绍电子公文。

要点展示

- ➢ 基本常识
- ➢ 处理程序
- ➢ 办理规范
- ➢ 档案管理
- ➢ 设计原则
- ➢ 技术要求
- ➢ 传输流程
- ➢ 安全管理

10.1 基本常识

随着社会的快速发展，现代信息技术也在各个领域得到了广泛应用，公文写作、传播和存储等领域也是如此。由此而来的是电子公文的应用和发展。

10.1.1 基本含义

电子公文，是一种区别于纸质公文的文书，具体含义如图 10-1 所示。

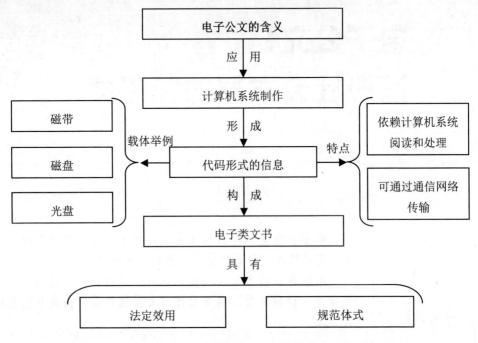

图 10-1　电子公文的含义解读

可见，电子公文是一种具有纸质公文同等效力的文书。而从其制发主体的角度来看，其含义有广义和狭义之分。从广义来看，所有社会组织所制发的电子文件都可称为电子公文；从狭义来看，只有党政机关制发的电子文件才称为电子公文。后面内容所提及的电子公文，是狭义上的电子公文。

10.1.2 主要分类

在分类上，与纸质公文不一样的是，电子公文根据其载体的不同有着不同的划分标准，具体分类如图 10-2 所示。

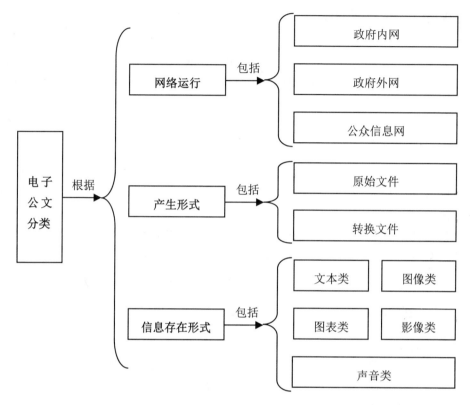

图 10-2　电子公文的分类

10.1.3　特性和作用

与纸质公文相比，电子公文除了有着独特的划分方法外，还表现出一些纸质公文所没有的特性。下面从三个角度加以介绍。

- **公文本身**：信息的集成性、存储的高密度性和内容的变动性。
- **传播/办理**：收发者的虚拟性、传播的同步性、办理的规范性、资源的分享性和检索的高速性。
- **其他方面**：内容与载体的可分离性、对系统的绝对依赖性。

而电子公文的这些特性对于公文处理来说，具有巨大作用和优势，具体如下。

- **因**：有着突出优势——发布广泛和便捷、传播、处理快速和检索便捷；
- **凭借**：有着技术支持——先进的和发展着的计算机网络资源技术；
- **过程**：进行公文处理——高效有序的办公电子化流程和处理；
- **果**：体现效率上的优势——可以大大提高办公效率。

10.2 设计原则

电子公文的处理系统不是可以任意选择和设计的,应该基于其质量和效率来进行。具体说来,电子公文处理系统的设计应坚持三个原则,本节将从这三个方面加以介绍。

10.2.1 高技术

作为电子公文的处理系统,它也是软件技术范畴的一部分,只有保证高要求和高技术的设计原则,才能实现党政机关电子公文处理的高要求。一般来说,这一系统的高技术应该达到以下要求:

- **先进性**:应考虑这一系统是否具有先进、适用的编辑技术和流程。
- **匹配度**:应考虑这一系统与计算机硬件系统是否匹配。
- **兼容性**:应考虑这一系统与其他运行系统是否兼容。

10.2.2 智能化

在社会发展和日常生活服务日益智能化的今天,电子公文处理系统的智能化也就有了其设计和发展的需要。因而,电子公文处理的智能化设计原则要求在自动化方面获得很大体现,既要囊括公文处理全过程,也要考虑各个可能出现的状况。

10.2.3 便捷式

电子公文处理系统除了应该坚持高技术、智能化的两大设计原则外,还应该考虑电子公文的处理便捷性要求而坚持便捷式的设计原则。也就是说,在公文处理过程中,所有流程和操作都应该从人出发,根据人的思维和办理流程来进行设计,才能实现电子公文处理系统的便捷目的。

10.3 处理程序

在电子公文的处理程序上,电子公文处理系统应该是能实现多个目的的。具体来说,也可从三个方面着手,本节将重点进行介绍。

10.3.1 相互匹配

在处理程序上,电子公文处理系统应该实现公文相互匹配,这里所说的"匹配",包括三个方面的内容,具体如图 10-3 所示。

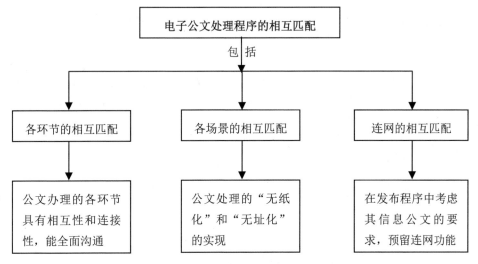

图 10-3　电子公文处理程序的相互匹配

10.3.2　智能生成

电子公文处理在程序上还从其规范化和便捷性出发,实现其智能化。也就是说,公文的生成应该在程序上体现其格式的自动化,具体表现在两个方面。

一是针对每一种文种,电子公文应该自动生成其特有和规定的格式。

二是针对每一个格式要素,电子公文应该自动生成相匹配的格式。

10.3.3　高效运转

在处理程序上,电子公文还应该实现高效运转。也就是说,电子公文在运作和流转过程中应该是高效的,具体内容如下。

(1) 在流转环节,电子公文无论是收文还是发文,都应该全方位地进行把控,一方面对来自多方位的公文在收文阶段的各个环节利用协同系统及时流转,另一方面在发文阶段实现全方位传送,节约流转时间。

(2) 在运作环节,电子公文在办文阶段中对各个环节所要做的工作应该及时处理,并根据公文的轻重缓急来分类安排。

10.4　技术要求

电子公文处理系统是一种有着高要求的软件系统,对这一系统中的所有操作都应该有着特定的记录形式和操作要求。从这一点出发,电子公文在处理过程中应该达到以下三方面的要求。

10.4.1 全程监查

党政机关公文一般都是有着严格要求和规范的,已经定稿或成文的公文不能任意修改和编辑,因此,电子公文处理系统应该对公文从开始编辑到结束成文这一过程进行全程的监控和查询,特别是针对拟写者的工作时间和修改内容。只有进行全程监查,才能尽量避免发生错乱。

10.4.2 自动记录

上面已经提及了全程监查,那么相关人员怎样才能实现监查呢,具体通过什么来提供监查数据的呢?在此,就有必要提到技术上保留痕迹的要求了。在电子公文处理系统中,计算机能够对公文处理的全过程进行跟踪和记录,从而形成公文处理数据。

可见,自动记录公文编辑和修改的痕迹,也是电子公文处理系统必需的技术要求,更是实现公文有效管理的技术保证。

10.4.3 安全可靠

大多数的电子公文是针对特定群体的非公开的公文,因此,电子公文处理系统还应该有安全可靠的保密机制,具体如图10-4所示。

图10-4 电子公文运行系统的安全可靠性要求

10.5 办理规范

纸质公文的办理是依据一定的规范和要求来进行的,电子公文的办理同理,也是有一定办理规范的。本节将就这一问题从四个方面加以介绍,以便帮助相关人员更规范地办理电子公文。

10.5.1 统一管理

对于党政机关的电子公文而言,它是有着统一管理办理规范的。其中,各级党政机关或单位的办公厅(室)对本单位的公文实行统一管理。在具体的管理过程中,应该做到三点要求,具体如图 10-5 所示。

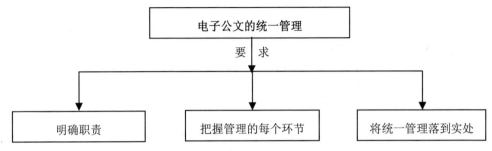

图 10-5　电子公文的统一管理要求介绍

10.5.2　核准删除、销毁

电子公文在删除和销毁方面也是有一定规范的,它有一个鉴别、核准和删除与销毁的过程。

首先,在鉴别方面,电子公文应该根据其利用价值、存在期限等进行内容的鉴别,分别出哪些电子公文是不具备归档混合存查价值的,初步确定其删除和销毁目标,为请领导核准提供依据。

其次,在核准方面,应该把拟订要删除和销毁的公文报告给分管公文工作的领导,报请领导同意。只有经领导核准的电子公文,才能进行删除和销毁。

最后,在删除、销毁的过程中,电子公文应该在全程监控和查询的系统下进行。

10.5.3　生命周期

任何事物的存在都有其特定的生命周期,电子公文作为一种文本形式的事物,在处理过程中也应该考虑其整个生命周期,并基于这一考虑而实现对电子公文的严格控制。具体要求是在传统公文的基础上对其进行业务流程方面的重构,从而实现减少重复作业或滞后作业的可能,提高公文拟制和处理效率,最终实现对电子公文整个生命周期的全程控制。

10.5.4　办理制度

电子公文相对于传统公文来说,是一种新的公文形式,关于对电子公文的规范性还没有在制度上形成严格、周密的规定,关于电子公文的各种处理制度也还需要健全和完善。因此,从办理的制度出发,对电子公文有关的词汇进行司法解释,对电子公文办理过程全程监控进行规范,以实现电子公文办理的制度化和合法性。

10.6 传输流程

在传输方面,电子公文与纸质公文有着本质区别,基于网络环境对其安全方面的绝对影响,电子公文的传输流程和传输行为需要进行更严格的规范。本节将从这一问题出发,重点介绍电子公文传输流程中的六个关键环节。

10.6.1 格式规范编排

电子公文要实现格式规范编排,其中应用的公文格式模板必不可少。在套用模板的情况下,填入相应的内容,就可形成拟制好的电子公文。然后基于安全性和其他方面的考虑,电子公文在传输过程中应该把可以编排的电子公文转换成三种文件形式,如图10-6所示。

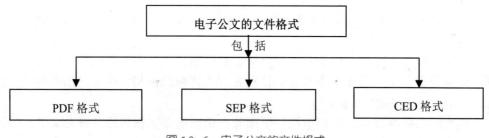

图10-6 电子公文的文件格式

10.6.2 数字签名验证

电子公文的签名有一定的法律依据,一般来说,可遵照2004年8月28日通过(2015年4月24日修正)的《中华人民共和国电子签名法》来进行。关于电子公文的数字签名,具体介绍如图10-7所示。

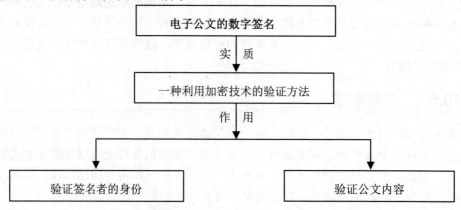

图10-7 电子公文的数字签名

10.6.3 加密解密流程

为了保障其在传输过程中的安全性,电子公文应该采取一定的保密措施来达到这一目的。具体说来,电子公文的加密解密流程如图 10-8 所示。

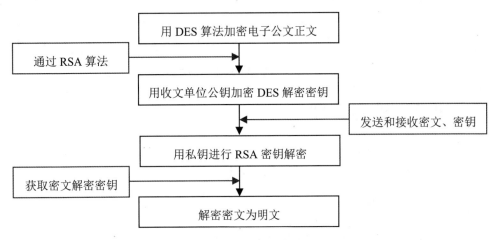

图 10-8 电子公文的加密解密流程

10.6.4 打包压缩操作

人们在传输文件的过程中,假如文件太大,一般会对其进行打包压缩操作,电子公文的传输也是如此。这样不仅可以提升传输速度,还能在安全性方面提供一定的保障。

10.6.5 签收和验证

前面提及了数字签名是一种加密的验证方法,那么,在签收和验证阶段就需要用发文单位公钥的解密密钥来验证电子公文的数字签名,最终确定电子公文是不是合法的,并就签收环节这一程序,发送签收回执或签收证明给电子公文的发文单位,以此确认签收。

10.6.6 原样打印输出

在进行电子公文的打印输出时,收文单位应该注意两个方面的问题,如图 10-9 所示。

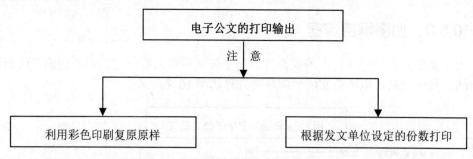

图 10-9 电子公文打印输出应该注意的问题

10.7 档案管理

电子公文的归档管理是一项重要和经常性的工作,在这一过程中,应该从四个方面着手进行处理,下面将就这一工作进行具体介绍。

10.7.1 模式选择

在模式选择上,电子公文有两种可用的方式,即物理归档和逻辑归档。关于这两种归档模式的具体内容,如表 10-1 所示。

表 10-1 电子公文的两种归档模式

模式	物理归档	逻辑归档
文件对象	自身形成的电子公文	处理办结的电子公文
具体办法	存储在各种载体上	通过网络和归档系统远程存储
归档场所	档案室(馆)	网络档案室

10.7.2 归档期限

电子公文的归档是有一定时间限制的,一般来说,应该在公文处理办结完毕后 3 个月内归档。当然,这一时间并不是固定的,因而电子公文的归档也可按照其时间分为实时归档和定期归档。

其中,实时归档就是公文处理办结完毕后就立即归档的方式,定期归档是一种在一定时间内按照一定的时间跨度来进行归档的方式,如按年、月、日等。

10.7.3 归档鉴别

电子公文是有一定的生命周期和特定价值的,因此,在进行归档时,应该对其文件价值进行鉴别,以此来确定其生命周期,并删除和销毁一些没有价值的电子公文。

当然,在对电子公文进行归档鉴别时,其所鉴别的公文对象必须具备三个方面的条件,如图10-10所示。

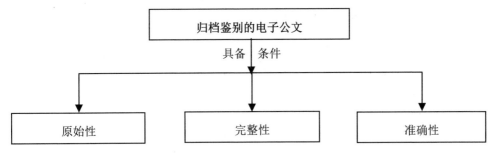

图10-10 归档鉴别的电子公文对象应该具备的条件

10.7.4 归档流程

进行电子公文的归档,应该严格按照一定的流程来完成。在此以电子公文的物理归档为例,进行具体介绍,如图10-11所示。

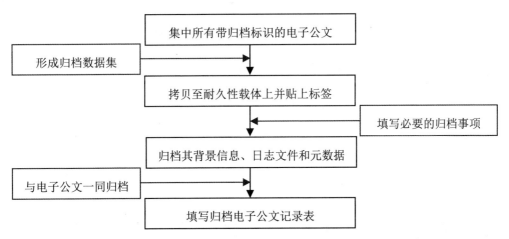

图10-11 电子公文的归档流程

在归档过程中,要注意的是,那些生命周期长的电子公文,还应该在保存电子公文的载体上保存该电子公文的机读目录。

10.8 安全管理

为了确保电子公文的原始性、真实性,就有必要建立一套健全的安全管理制度。从这一角度出发,电子公文的安全管理应该重点关注四个环节。本节将对这四个环节的意义进行介绍。

10.8.1 传输过程的安全性

电子公文是一种用来沟通不同层级单位、部门之间的文书,是处理事务和解决问题的重要文书,而要发挥电子公文的沟通、处理事务的作用,就需要进行传输。因此,确保传输过程的安全性是电子公文安全管理工作的一个重要环节。

在这一环节中,电子公文应该利用各种先进的保密和验证技术,如加密技术、信息隐藏技术、信息认证技术等,全方位地保证其安全性操作。

10.8.2 利用活动的安全性

电子公文作为一种新形式的公务文书,是为了处理公务而拟制成文的,因此,电子公文利用的安全性保障也是安全管理工作的一个重要环节,为解决这一环节中的安全问题,可采用相关技术,如图10-12所示。

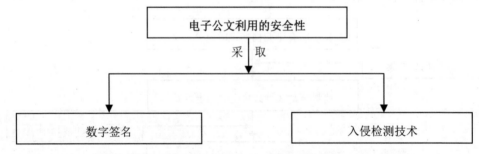

图10-12 确保电子公文利用安全性主要采取的技术措施

10.8.3 归档管理的安全性

电子公文归档管理的安全性主要是应该对其进行备份处理,以防文档丢失时能够找回。另外,电子公文的归档安全管理还应该从以下两个方面加以注意。

- 检查电子公文的完整性、真实性和原始性;
- 提升电子公文的容灾技术和容错技术。

10.8.4 存储载体的安全性

电子公文保存在一定的电子存储设备中，因此，确保存储载体所处外在环境的安全性也是进行安全管理的一个重要方面。只有确保其所处外在环境的安全性才能维护电子公文存储载体上数据信息的可读性。那么，存储载体应该处于什么样的环境条件下才是安全的呢？具体来说，应该符合以下条件：

- 确保有着合适的温度和湿度；
- 隔绝强光和有害气体的影响；
- 加强日常维护，注意防尘；
- 隔绝外来磁场的影响；
- 勿使载体发生机械振动。